歴史文化ライブラリー
185

明治神宮の出現

山口輝臣

吉川弘文館

目次

明治神宮がいつできたか知っていますか——やや長めの序章

明治神宮と出会うのは何の時ですか

いきなりこう聞かれれば、もっとも多い答えは間違いなく初詣《はつもうで》だろう。ある人たちにとって、明治神宮といえば、初詣に行ったあの場所であり、またほかの人たちにとっては、初詣に集まる大勢の人びとをテレビで眺《なが》めたあの場所である（図1）。

警察庁は正月三が日の人出《ひとで》を毎年発表している。その数のもっとも多い神社・仏閣が明治神宮であり、平成十六年（二〇〇四）は二九〇万人。明治神宮は、今日風の言葉を使えば、日本最大の初詣スポットである。メディアは新春のニュースで繰り返し明治神宮を取り上げる。東京見物ではじめて明治神宮を訪れた人が「ここがあの……」と漏らすとき、頭のなかで思い描くのは、初詣の光景を伝える画像であり映像だろう。現在日本で生活す

図1　初詣でごったがえす明治神宮（時事通信社提供）

る者の多くは、メディアを通じ、初詣スポットとして明治神宮と会う。伊勢神宮などとは異なり、明治神宮について学校で習うことはまずない。現に高等学校の教科書にはほとんど載っていない。にもかかわらず、たとえばわが家の近くの某神社と違い、この本を手にした読者のみなさんが「あの明治神宮か」と合点できるのは、なによりもこの初詣という現象のおかげである。

　もっとも明治神宮が常に日本最大の初詣スポットであったわけではない。警察庁の統計では、初詣者数の首位が明治神宮で安定するのは一九八〇年代以降であり、七〇年代には伏見《ふしみ》稲荷《いなり》神社（京都府）や川崎大《だい》師《し》・鶴岡《つるがおか》八幡宮（ともに神奈川県）などと競《せ》り合いを繰り広げていた（石井研士『戦

図2　手数入りをする横綱・朝青龍（毎日新聞社提供）

後の社会変動と神社神道』大明堂、一九九八年）。日本最大の初詣スポットとしての明治神宮という像は、長く見積もっても、ここ四半世紀のもの。しかもこのところ初詣者数は漸減《ぜんげん》傾向にある。だがそれでも間違いなく現在の日本で最大の初詣スポットであり、明治神宮といえば初詣を連想するのは、至極自然な反応と言えるだろう。

明治神宮といえば、まずは正月に初詣を介して遭遇する神社である。

では、初詣以外に明治神宮と出会うことは

相撲好きならずとも、神前で土俵入りする横綱の姿を見た人も多いことだろう（図2）。この手数入《でずい》りは明治神宮で行われている。ではこれを答える人がいるかもしれない。ではさらにそれ以外には？　そう急《せ》かされると、一瞬たじろいでしまうのではあるまいか。神社とくれば祭と考えて記憶をたどってみても、すぐには思い出せそうにない。明治神宮は祭の印象の薄い神社である。祭では会わぬ、となると、正月にしか明治神宮と遭遇《そうぐう》する機会はないのだろうか？

そんなことはまったくない。たとえば神宮球場はどうだろう。ヤクルト・スワローズの本拠地で、六大学野球の会場でもある〝神宮〟は、正式には明治神宮野球場という。その名の示すごとく、明治神宮が所管している。そもそもこの〝神宮〟のある青山の一帯を明治神宮外苑《がいえん》と呼び、現在は宗教法人・明治神宮が管理・運営に当たっている。これを神宮外苑というときの神宮は、普通名詞でなく明治神宮だけを意味する。それに対して明治神宮の本体ともいうべき代々木の一帯を内苑《ないえん》という。

学生野球の聖地が〝神宮〟なら、日本サッカーの聖地と言えば〝国立《こくりつ》〟、すなわち国立霞《かすみ》ケ《が》丘《おか》競技場である。日韓ワールドカップの開催によって、マリノスのホームでもある横浜国際総合競技場をはじめ大規模なスタジアムが一挙に増え、その影はやや薄くなりつつあるものの、いまなお〝国立〟は特別な地位を保っている。こちらは〝神宮〟と同じく明治神宮外苑にあるものの、名前からも分かるように国の施設であり、いまは明治神宮との直接的な関係はない。ただもともとは明治神宮競技場として発足した施設であり、明治神宮と密接に絡みあった空間である。また近くにはラグビーの聖地とされる秩父宮ラグビー場も位置している。いくつかの競技の「聖地」を介して、スポーツ好きならば多かれ少なかれ、正月以外にも明治神宮と会っているわけである。

出会う機会はスポーツには限られない。たとえば結婚式場を中心とした「総合記念事業体」を名乗る明治記念館。友人・知人の門出をここで祝った経験のある方もおられよう。明治記念館の神前結婚式はもちろん明治神宮の神職が執り行っている。あるいは聖徳《せいとく》記念絵画館、通称〝絵画館〟。名前を聞いただけでは反応できなくとも、テレビ・ドラマの定番ロケ地で、銀杏《いちょう》並木の奥に見え隠れする国会議事堂に似た建物といえば、お分かりになるかもしれない。あれである（図3）。〝絵画館〟で有名なのは外観だけではない。そこに掲げられている絵画は、しばしば歴史教科書などに載っており、入館して現物を見たことがなくても、記憶の隅に留められている方も多いのではあるまいか。いずれも「記念」の文字をその名に刻む施設を経て、明治神宮と接触することもあるのである。

スポーツや美術には関心がなく、結婚式にも縁がないというなら、表参道《おもてさんどう》はいかがだろう。参道とは神社や寺院に参拝する人のためにつくられた道のこと、表は裏に対する語であるので、もちろん普通名詞としても使われる。現に奈良県には春日大社表参道といったバスの停留所がある。ただし単に表参道とだけ言った場合、当然のように、東京にある

図3　絵画館遠景（毎日新聞社提供）

地下鉄・表参道駅あたりから北西方向へとケヤキ並木が延びる道、同潤会《どうじゅんかい》アパートやラフォーレやらクエストやらがあって、あるガイドブックの言葉を借りれば、「トレンドを発信するショップやオープンカフェなどが並び」、明治神宮の鳥居がある道を指す（図4）。固有名詞としての表参道は明治神宮への参道であり、表参道との遭遇は明治神宮との遭遇でもある。なお、裏参道と称された道もある。内外苑連絡道路のことで、ちょうどJR中央線に沿っている。もっともその上を首都高速道路が覆《おお》ってしまったせいか、現在ではこの道を裏参道と呼ぶ人はなかなかお目にかかれないが。それはともかく、参道という存在を通じ、ほとんどそれと意識することなく、明治神宮と出会っていることになる。

図４　表参道のいま　右は同潤会アパート（毎日新聞社提供）

明治神宮には参道もあり外苑もあって、そこにはいろいろな施設がある。そしてそれらとの出会いは日常生活におけるさまざまな場で存在していた。明治神宮は、ほかの神社と比べてもむしろ遭遇する機会の多い、その意味では、実際の物理的な距離とはかかわりなく、多くの人にとって身近な部類に入る神社であると言うことができるだろう。しかし翻《ひるがえ》ってそれについて人はどれだけのことを知っているのか。

そもそも明治神宮ができたのは何時代なのか

もし時代という言葉が不明確というなら、こう尋ねてもいい。明治神宮ができたのは何世紀か、と。まずは考えてみていただきたい。回答は決まりましたか？

次はある小説の一節。井中村《いなかむら》村長の杢右衛門《もくえもん》一行が博覧会見物を兼ねて上京、さてどこへ行こうかと東京に住む甥《おい》と相談する場面。九段《くだん》にある靖国神社はどうだと聞かれて、杢右衛門の末娘おとめが「矢張《やはり》、明治神宮がいいわ。九段は私この前来た時見たから、何う《どう》でもいいわ」と答える。すると、

甥「なに、此前《このまえ》来た時？　うん、修学旅行で来たね。女学校の先生に引つぱられて、明治神宮はあの時参拝しなかつたかい。」

おとめ「あの時分《じぶん》、まだ無かつたんですもの。」

甥「そう、そう、じやあ、伯父《おじ》さん。明日は明治神宮になさい。」

行き先はこうして明治神宮と決まった。

これを読んで気づくのは、明治神宮などない時期があったということ、言い換えればある時点で明治神宮が出現したというごくごく当たり前の事実である。しかもそのある時点とは靖国神社の出現よりもあと、それどころか娘おとめの女学校時代から今日までという最近のことである。この小説における今日は、大正十一年、西暦でいうと一九二二年に設定されている。これで大体の見当がつくだろう。

正解は大正時代、あるいは二十世紀となる。もう少し正確に言うと、内苑の鎮座祭が行われたのが大正九年（一九二〇）十一月。竣工奉献式《しゅんこうほうけんしき》というものが執り行われ、ひとまず

外苑が完成したのが大正十五年（一九二六）十月のこと。そしてこの年の十二月に大正から昭和へと移り変わる。明治神宮の造営は、文字通り大正時代の大事業であったのである。なお、小説の引用は、『明治大正見聞史』などで知られる生方敏郎《うぶかたとしろう》の『東京初上り』（昭和三年刊）からである。さて答え合わせはどうでした？

　手近なところで私自身が何度か実験してみたところでは、問いに対する答えは概《おおむ》ね三種類に分けられるようだ。まずは正解。これについてはお見事というほかない。一方の誤答は二分される。まずは明治時代、あるいはそれといくらか重なる十九世紀というもの。そしてそれよりも古いもの、たとえば江戸時代・鎌倉時代とか、さらには八世紀やそれ以前といったものである。

　答えた人の数だけでいくと、少なくとも私の実験では、正解よりも、明治時代や十九世紀の方がむしろ多かった。この間違いは、思うに、明治神宮の明治という文字に引かれてのものだろう。だが明治神宮は、明治天皇と皇后・昭憲皇太后《しょうけんこうたいごう》を祀《まつ》る神社であり、つくられたのはその没後、ちょうど大正時代に当たる。明治神宮の明治とは、まずは明治天皇の明治であり、たとえば明治大学のように、明治という元号の時代につくられたから明治と名乗ったものとは異なる。大正時代のなかの明治なのである。

　次に明治より古い時代・世紀という答えの背景を推察してみると、神社や寺院は古いもの、誰かがつくるよりはすでにあるものといった印象を、明治神宮へも当てはめたというところだろう。確かに百科事典で神社という項目を引いてみれば、神奈備《かんなび》・神籬《ひもろぎ》・磐座《いわくら》・磐境《いわさか》云々、記紀神話によればどうのこうのと、神社はいかに古いかを印象づける記述が続いていく。それに実際の明治神宮だっていかにも古そうだ。そしてこの思いを深めるのが、森の存在である。

明治神宮の森

明治神宮から連想するものとして、初詣に続いて多いのが、おそらくこの森である。雑誌の特集などでよく使われる内苑の鳥瞰《ちょうかん》写真（図5）。この構図によって強調されているのは、こんもりと木々が生い茂り、美しい森に囲まれた明治神宮という姿である。明治神宮の森ないし代々木の森という言い回しが、現在しきりになされることからも、明治神宮といえば森というイメージは、明治神宮の内外で広く定着しているといえよう。明治神宮参拝記念品、いわゆるお土産《みやげ》のなかにも、「やすらぎの森」のように、森にちなんだものが少なくない。

ただしこの森はもとからあの場所にあったわけではない。明治神宮の造営に際して、すなわち二十世紀になって人工的に造られたものである（松井光瑶ほか『大都会に造られた森』第二プランニングセンター、一九九二年）。自然のなかの自然と普通には思われている森が人の手によってつくりだされたと知って、驚かない人は稀《まれ》だろう。

図5　明治神宮内苑鳥瞰写真（NNP 提供）

太き白木の鳥居をくゞり／参道を歩めば、／森厳の気充ち、鬱蒼たる巨木茂りて／身は都会の塵域を遠く離れたる心地す

これは『ダダイスト新吉の詩』で有名な高橋新吉の『神社参拝』（昭和十七年刊）に収められた「明治神宮」という詩の一部である。明治神宮が出現して約二〇年、木々はいまよりも低く小さくはあったが、詩人はすでに森厳《しんげん》・鬱蒼《うっそう》といった現在でもよく用いられる言葉にて、明治神宮のある一面をうたっている。しかもそれによって「都会の塵域《じんいき》を遠く離れたる心地」を得ている。

明治神宮に足を踏み入れることで、ほこりにまみれた都会から離れられるのなら、逆に都会へと出て行く前に、そこで英気を養ってもよいだろう。日本中毒を自任する台湾の漫画家・哈日杏子《ハーリーきょうこ》はこう記す。原宿に行くときは、まず必ず「森のなかにひっそりと身をおいている」明治神宮に寄って、新鮮な日本風味の空気を吸い込んでから、外のほこりっぽい流行世界へと出かけるのだ、と（『哈日杏子のニッポン中毒』小学館、二〇〇一年）。

森であるとは、単に景色が美しい、珍しい草木が生えているというようなことだけではない。そこが、周囲――「都会の塵域」や「ほこりっぽい流行世界」――から切り離された特別な空間であること、単純な二分法で言えば、俗ではなく聖なる空間であることを、目に見える形で示すことでもある。聖地としての明治神宮というイメージは、かなりの部

分、この森によって形づくられているといえるだろう。

ただこれがすべての神社にあてはまるとは言えない。李右衛門一行の行き先として明治神宮とともに候補へと挙がった九段の靖国神社の場合、森よりもまずは特定の木、すなわち桜を思い浮かべるのではあるまいか。「父は九段の桜花」・「九段のさくら」といった昭和十年代の歌から、東京の桜の開花予想に使われる標本木があって、代表的なお花見スポットでもあるという現在まで、靖国といえば桜というイメージは濃厚なものである。靖国神社の森・九段の森ということは滅多にない。明治神宮の森に対応するのは、靖国神社の桜ということになる。

この靖国神社との比較は、ひとつの思いつき以上の意味がある。東京招魂社《しょうこんしゃ》とよばれていたものを靖国神社と改称したのが明治十二年（一八七九）であることからも分かるように、双方とも近代といわれる時代になって新たにつくられ、そして東京に位置する大規模な神社である。まさしく双璧《そうへき》という言葉が相応《ふさわ》しい。しかしながらいま両者に向けられているまなざしは、むしろ対照的というべきだろう。

明治神宮と出会う機会のもっとも多いのが初詣の一月とすれば、靖国神社のそれは八月であろう。終戦の日が近づくと首相の参拝をめぐって耳目を集めるのが、年中行事となっているためだ。政教分離やら国家神道やらとの関係をめぐり、靖国問題・靖国訴訟という用語である靖国神社にひきかえ、明治神宮がそういったところで登場することはまずない。靖国神社にも花見の名所といった一面もある。だがこれとて、軍歌「同期の桜」あたりを媒介に、軍国主義の残影などと言われることすらある。

靖国神社とのこの違いを明治神宮へともたらしたひとつの要素として、森というイメージが指摘できるのではあるまいか。たとえば、もうかなり前のことだが、首相の靖国神社参拝を批判し、それに代わる宗教色のない追悼施設を提唱したある政治家が、それを「靖国の森」と名付けたことがある（中曾根首相時代の江田五月）。ここではアイデアや名称の当否は問わない。ただ神社でなく森とすることで、宗教色は消せると考えられていることだけを確認したい。森であるとは、俗なる周囲から切り離されるだけではない。森であることにより、特定の宗教から、もう少し正確に言うと、その宗教性をめぐる論議からも、切り離され得るのである。明治神宮がそうした衝突とほとんどかかわらずにいられた一因として、この森の力を数えあげることはできるだろう。

しかし、その森はあくまでも明治神宮の森である。明治の森ではない。もしそれが明治の森にすぎないのなら、そもそもあれだけの初詣者が集まるわけがない。神社であるからこそ、ああした現象が起きているのである。明治神宮は森である前に神社なのである。二十世紀の東京につくられた神社なのである。

モダンな神社としての明治神宮

この明治神宮の神社としての新しさと、巨大なる初詣スポットとしての地位とは浅からぬ関係がある。

初詣は、なかなか厄介な現象である。それこそ明治神宮のように電車やバスを乗り継いで遠くの有名な神社へ行くことも初詣なら、普段は〇〇神社といった名称で呼ぶことすらない村の祠《ほこら》へ歩いて出かけるのも初詣であるし、行き先が神社でも(熱《あつ》田《た》神宮や出雲《いずも》大社)、寺院でも(成《なり》田《た》山新《さんしん》勝寺《しょうじ》や川崎大師)、初詣である。まず何より初詣という名で呼ばれているものを単一のものと見なしてよいのかから、考えはじめなくてはならないような現象だからである。

ただ少なくとも明治神宮と関わる都市部における大規模な初詣については、こういってよいだろう。それは江戸時代に都市で盛んだった恵方詣《えほうもうで》――その年の歳徳神《としとくじん》がいる方位、すなわち恵方にある寺社へと参詣するもの――を中心に、初寅《はつとら》なら毘沙門天《びしゃもんてん》、初亥《はつい》なら摩《ま》利支天《りしてん》など、新春の決められた日に決められた寺社へ参る行事をも吸収し、近代以降に成立したものである、と。いうなれば近世以来の参詣行事にまとわりつく日付・行き先といった多くの制約を振りほどき、そこから「自由」になることではじめて現れた現象なのであり、それ自体がモダンなものなのである、と。

そして初詣という言葉が定着するのが概ね大正時代である。それはまさに明治神宮がつくられた時代でもある。こうした類推からか、一部には、明治神宮こそが初詣をつくったという説もある。これは明らかに言いすぎであろう。それ以前にも初詣らしきものがあるようだから（平山昇の研究による）。だがモダンな現象である初詣と、モダンな神社である明治神宮とが、絶妙の相性であったことは間違いない。

もっとも新しくつくられたということだけが、明治神宮のモダンさを物語っているのではない。むしろこのこと以上にそれを明快に示すのが、外苑の存在である（図6）。

神社における内－外という対比として誰もが思い至るのが、内宮《ないくう》－外宮《げくう》であろう。もちろん伊勢神宮におけるもので、内宮は皇大神宮《こうたいじんぐう》、外宮は豊受《とようけ》神宮の通称である。そしてこの場合、言うまでもなく双方とも神社である。

明治神宮の内苑－外苑は、これとは異なる。明治神宮の外苑は、それだけを取り出したとき、神社ということはできない。神社という言葉で思い浮かべられるような施設をまったく欠いているからである。その代わりにあるものは、絵画館・競技場・記念館。実際に、敗戦にともなう外苑の接収が解除され、その返還が話題になった際にも、競技施設などまで含む外苑は宗教法人・明治神宮には不必要な施設ではないかとの議論が、とりわけ文部省内では強かった（国立国会図書館憲政資料室蔵《有光次郎文書》）。なるほどその来歴を前近代から跡付けることはできる。それでもこれらの施設は基本的には、近代都市生活に必

図６　現在の明治神宮一帯（国土地理院発行25,000分１地形図「東京西北部」「東京西部」）

要とされるようになったモダンな施設群にほかならない。少なくとも機能や効果ということに限定すれば、外苑を公園とみなすことに問題はあるまい。明治六年（一八七三）の太政官布告で設定されて以来の公園という、これまたモダンな空間と考えることもできるのである。

しかしそれにもかかわらず、それは公園そのものではない。外苑をも合わせて神社なのだ。明治神宮という二十世紀につくられた神社なのだ。

この本で考えてみたいこと

明治神宮という場所はいかなるものか、その一端はご理解いただけたろう。この本は、そうした明治神宮がつくられるという事件を詳しく見ていくものである。さまざまな意図を持ってそれぞれの方向で明治神宮をつくろうと努力する人たちの活動を軸に、思いつきを言って混乱を招く人や、神宮造営へ批判的な議論を展開する人まで取り上げ、明治神宮が出現してくる過程を考察していくものである。そしてそれにより、二十世紀の東京に神社をつくりだすとはそもそもいかなることなのか、いろいろな角度から考えてみたい。

それは前にも触れたように、ほとんど大正と呼ばれる時代と重なる事件である。それについて記すことがそのままひとつの大正時代史となるような事件である。

明治史・大正史といった叙述の多くは、前代との違いを際立たせることで、それぞれの時代の特徴を描き出す傾向がどうしても強くある。それらが誤りということはできない。ただ時間というものがそうした単純なものだけではないこともまた、当然のことであろう。本書では、明治を引きずる大正時代というところへと視点をすえて、明治神宮の出現について考えていく。もっともここでいう明治とはなにかというところからして、問題となり得るのだが。

そして明治神宮の大正史を考察していく際、とりわけ以下の三点に注意していきたい。ひとつはなぜ神社がつくられたのかという、ある意味でもっとも素朴な疑問である。明治神宮には森もあるし野球場もある。だが何度か指摘したように、それはまずなによりも神社であった。明治天皇と昭憲皇太后を祀る神社であった。しかし天皇が亡くなれば必ず神社をつくるわけではないことは、大正天皇を祀る大正神宮のないことひとつをとっても容易に理解できよう。なぜ明治神宮はつくられたのか？　どうして神社であって、ほかのもの、たとえば銅像などではなかったのか？　この疑問に、明治神宮出現の経緯から答えていくことを、本書の第一の課題としておこう。

ところで明治神宮の出現の様子を見ていくと、それがいまある場所以外にもあり得たことが分かる。現在地のほかにも候補地があったからである。それではなぜあそこなのか？　ほかの場所でないのはどうしてなのか？　このことについても究明を試みたい。

とくに建造物の場合、一度できあがるとそこにあるのが自明のこととなってしまい、なぜその場所なのかという問いが発せられることはなかなかない。また仮にそうした問題が提示されたとしても、どうしてか風水《ふうすい》などの次元で回答がなされがちである。そうした答えを頭から否定しようとも思わない。けれども、土地所有権が認められ、かなりの程度まで都市化が進み、白地図の上に勝手なデザインを描けるわけではまったくない二十世紀日本における明治神宮の位置の選定については、風水を持ち出す前に、まずはもう少し穏当な説明からはじめるべきではあるまいか。本書では、大正期の東京の姿を垣間見たりしながら、この課題に迫っていきたい。

三つ目に、どうして外苑という空間があるのかという疑問を挙げておきたい。

明治神宮の神社としてのモダンさを語る上で外せないのがこの外苑であった。しかし明治神宮についての研究において、この外苑は見事に無視されてきた。初詣スポットとして注目を浴びる明治神宮に外苑の姿はなく、たくさんの施設であふれかえる外苑が「明治神宮の森」として賞賛の対象になることもない。しかし明治神宮誕生の経過から浮かび上がってくるのは、外苑という存在こそまさに明治神宮の要であったということである。そこで本書では、外苑という存在をも視界に入れ、その誕生にまつわる疑問へと立ち向かっていきたい。そしておそらくこの作業は、明治神宮の出現という事件に、より明確な筋道を与えてくれるだろう。

ただし以下の叙述では、三つの課題を順に解き明かしていくような構成をとらない。なぜなら、神社をつくること・あの場所にあること・外苑があることの三つは、分かちがたく結びつき、それ故《ゆえ》にこそ明治神宮は出現したのであり、各々を個別に検討することなど、意味がないと考えられるからである。むしろ明治神宮の出現を、しばしば寄り道をしつつ、飄々《ひょうひょう》と記していくだけで、おのずと三つの疑問は氷解していくに相違あるまい。またこうした課題との関係上、実際に工事がはじまるより前の時期、すなわち明治神宮の造営を目指す運動や構想・計画といったものを詳しく見ていくことになる点も、あらかじめお断りしておきたい。もっとも念のため、終章で再び三つの課題へと帰ってくることをお約束しておこう。

さて、前口上はここまで。それでは本題に入ろう。

舞台はいまから一〇〇年ほど前、明治四十五年（一九一二）の東京。夏の暑い盛りのころのことである……

明治天皇の出現

明治の聖代は何を以て記念し奉るべきか（其一）

△再び 記念事業につき朝野名士の答案▽

満天下に訴ふ

答案第一回發表

『実業之日本』大正元年9月号「明治の聖代は何を以て記念し奉るべきか」
（明治新聞雑誌文庫所蔵）

立憲政治と君主の死

大正になって、明治天皇は生まれた。

現在の歴史叙述などでは、在世中から明治天皇と呼ぶ言い方が定着しているし、本書でもこれまで便宜上そう記してきた。しかし在世中からそのように呼ばれていたのでないことは、いまと同じ。また亡くなったからといって当然そうなると定まっていたわけでもない。

明治天皇の誕生

死によっていったん大行《たいこう》天皇と称されるようになることは、皇室に関するいくつかの法令から確かであった。ただし大行天皇という難しい言い方がされるのは稀《まれ》で、普通は先帝という語が使われていた。また大行天皇の時期を経て、その後に正式な号が定められることも、ほぼ間違いないように思われた。その場合、先例は諡号《しごう》である。

諡号とは、生前の功績を讃えて贈られる美称のこと。漢風と和風とがあるが、普通は漢風のものを指す。褒《ほ》め称《たた》える意味を有する漢字二文字の諡号と天皇との組み合わせ、すなわち「諡号＋天皇」というのが基本であり、聖武《しょうむ》天皇・孝明《こうめい》天皇などがそれにあたる。ただし先例とはいっても、歴史上一貫してそうであったわけではない。桓武《かんむ》天皇以降、次第に「追号＋院」が慣例となっていく。ここでいう追号には、在所や陵地、あるいは既存の追号の頭に「後」を加えるなどの型がある。一条《いちじょう》院・醍醐《だいご》院・後鳥羽《ごとば》院など。九世紀にまでさかのぼるこの慣例を捨て、「諡号＋天皇」が再興されるには、江戸後期の光格《こうかく》天皇（在位一七七九～一八一七）を待たねばならない。そしてこうした活躍もあり、光格天皇に近代天皇の原型を見る説もある（藤田覚『近世政治史と天皇』吉川弘文館、一九九九年）。

しかし森鷗外が『帝諡考』で述べたように、光格・仁孝《にんこう》・孝明の三代続いた「諡号＋天皇」は、再び絶える。天皇の死から一月近く経った八月二十七日、次のように発表された。「大行天皇の追号左の通り仰出《おおせいだ》さる／明治天皇」（『官報』）。明治は諡号ではない。追号である。よって明治天皇は「追号＋天皇」という新たな型である。しかもその追号たるや、在所や陵地から採った古例とはまったく異なる。元号をそのまま用いたものである。この異例の追号は、当時の解説の言葉を用いれば、先例を超越して新たに範を拓《ひら》いたものであり（『東京朝日新聞』八月二十七日）、実際に以後の新例となっていく。追号となったことで、明治という語ははじめて天皇の呼称としての意味を持つ。明治天皇はここに誕生した。

では、先例からすると新奇というほかない明治天皇という呼び方が、さしたる異論もなく定着していくのはどうしてか？　そのあたりを考えていくには、追号として明治が選定された直前、すなわち天皇の死からはじめねばなるまい。

明治天皇の死

宮内省《くないしょう》からの発表にはこうある。「天皇陛下、今三十日午前零時四十三分崩御《ほうぎょ》あらせらる」（『官報』号外）。これによると明治天皇の死は七月三十日午前零時四十三分。しかしこれが「本当」の死亡時刻でないことは、歴史家には周知のことである。

死は西園寺《さいおんじ》公望《きんもち》首相より内閣構成員へと知らされた。その一人である財部《たからべ》彪《たけし》海軍次官は、「十一時少過、西溜間《たまりのま》に於て、十一時十分位前、終《つい》に崩御」と聞かされている。続けて、「実際の崩御は十時四十三分なりしも、十一時半過ならんか、皇室会議の末、三十日午前〇時四十三分御登遐《とうか》と発表の事に決定せる旨、承知す」。そして零時前、海軍省へと退出している（『財部彪日記』上、山川出版社、一九八三年）。またときの内務大臣・原敬《はらたかし》は「午後十時四十分天皇陛下崩御あらせらる」と書きとめている（『原敬日記』三、福村出版、一九六五年）。

すなわち明治天皇の死は、公表された時刻より二時間ほど早い二十九日の午後十時台後半——公表時刻の零時四十三分にあえて意味を見出すとすれば、財部のいう十時四十三分か——であった。そしてこのことは、侍医が新聞で語ったこともあって、内閣構成員以外でも知る者は少なくなかった。岡玄卿《おかげんけい》侍医頭は次のように述べている。十時過ぎに「全く縡《こと》も切れさせ給《たま》ひぬ」。ただし「御温味の尚《なお》久しくあらせ給ひければ」、それがまったくなくなった三十日の午前零時四十三分を崩御の時とした、と（『報知新聞』八月六日）。しかし岡の話の後段が事実と異なることは、財部の日記と比べれば一目瞭然《いちもくりょうぜん》であろう。すでに十一時半過ぎに、明治天皇の死亡時刻は零時四十三分と発表することを、財部は伝え聞いていたのだから。

するとやはりこう問わねばなるまい。そもそもなぜ死亡時刻は動かされたのか、と。

君主の受難

君主の死は難物である。それはある秩序の核をひとたびは失うことであり、なにがしかの不安定さをもたらしかねない。天智《てんじ》天皇の死が壬申《じんしん》の乱への道を開いたように、ときにはクーデタや内戦にすら至る。しかしだからといって君主の死を避けることはできない。君主といえども生物学的な存在であるのだから。

死は生物に不可避な現象であるとしても、それが常に「自然な」現象であるとは限らない。君主の殺害は、ハムレットを引くまでもなく、文学における古典的主題である。実例にも事欠かない。幕末・維新史で多大な業績を残した石井孝をはじめ、明治天皇の父・孝明天皇の死は砒素《ひそ》を用いた毒殺であったと断言する歴史家もいる。殺害という形で、死という現象そのものが意図的に引き起こされることもあり得るわけだ。

明治天皇に前後して数ヵ国の君主が亡くなっている。たとえばその二年前には英国のエドワード七世が、さらにその二年前にはポルトガルのカルロス一世が。このうちカルロス一世の死は共和主義者による暗殺であった。位はマヌエル二世へと受け継がれたが、わずか二年で革命が起こり、君主制そのものが廃される。マヌエル二世は亡命を余儀なくされたものの、死を迫られたわけではない。しかしその君主としての地位は社会的に葬られた。これを生物学的な死に対し、社会的な死と呼んでよいだろう。

ポルトガルを皮切りに、この一九一〇年代には、のちに第一次と付加される世界大戦をはさんで、社会的な死が君主たちを襲っていく。敗戦国となったドイツ・オーストリアの君主はともに退位、共和制へと移行した。またそれより以前、ロシアでは二月革命によってニコライ二世が位を追われ、次いで銃殺された。

受難に遭《あ》ったのはヨーロッパの君主に限らない。明治四十三年（一九一〇）八月に日本へと併合された大韓帝国の皇帝・純宗は、「韓国全部に関する一切の統治権を完全且《かつ》永久に日本国皇帝陛下に譲与」した（「併合に関する条約」第一条）。次の年の十月には清国で辛《しん》亥《がい》革命が勃発《ぼつぱつ》、翌年の二月に宣統帝《せんとうてい》は位を降りた。明治天皇の死の半年ほど前のことである。両国では、数世紀にわたって存続してきた王朝が、第一次大戦以前には社会的な死を迎えていた。また明治四十三年にはいわゆる大逆《たいぎやく》事件が発生、明治天皇も暗殺の対象になった。君主にとっては大変な時勢へと突入していた。

だが当然のことながら、すべての国の君主が受難に見舞われたわけではない。イタリアとスペイン、そしてオランダなどの君主たちはそのまま一九一〇年代を乗り切った。また英国では一九一〇年にエドワード七世が亡くなったものの、息子であるジョージ五世がつつがなく即位している。君主の受難のみを一方的に強調することは誤りだろう。

ただしこのことは、それらの国において、君主の死が些細な出来事であり、彼らがみな静かに天命を全うできたことを意味しない。たとえば大正天皇より二年早く即位したジョージ五世は、その最期において、モルヒネとコカイン注射による尊厳死を迫られている。これにつき、ある研究者はメディアとの関連を指摘する。すなわち君主の死という事件の第一報を、扇情的な夕刊タブロイド紙でなく、高級メディアである『タイムズ』へと載せるためになされた処置であったのだ、と（水谷三公『イギリス王室とメディア』筑摩書房、一九九五年）。生物としての君主の死は、それがほかならぬ君主のものであることにより、常に政治的な決断を経た、政治的な死ともなる。そしてここでも問題となったのは、あたかも明治天皇と同じく、死亡時刻であった。

死亡時刻の繰り下げが語るもの

天皇にまつわる制度の根幹をなしていたのは、ともに明治二十二年（一八八九）に制定された大日本帝国憲法と皇室典範《こうしつてんぱん》であった。しかし死について明確に語るのは、皇室典範第十条「天皇崩《ほう》ずるときは皇嗣《し》即ち践祚《せんそ》し祖宗《そそう》の神器《じんぎ》を承《う》く」のみ。平易に訳すと、「天皇がおなくなりになったときは、皇位の継承者が『即ち』践祚つまり位を受け継ぎ、いわゆる三種の神器を引き継ぐ」となろうか。

このうちの「即ち」が曲者《くせもの》で、伊藤博文著として公刊された『皇室典範義解《ぎげ》』をはじめ多くの解釈が、「天子の位は一日も曠《むな》しくすべからず」という宣命《せんみょう》の言葉を引いて説明していた。要するに一日たりとも、さらに徹底すると一瞬の間隙もなく、践祚するというのである。現行の皇室典範でも「天皇が崩じたときは、皇嗣が、直ちに即位する」となっている（第四条）。践祚を崩御と同時へと近づける試みは、明治以降おなじみの言葉で言えば、「万世一系」（憲法第一条）を地で行くものといえよう。系は繫《ケイ》（つながる）に通じる。

ただ死とともにすぐさま践祚するだけでは十分ではない。皇室典範には「践祚の後元号を建て」とある（第十二条）。改元である。これは明治四十二年になって皇室令のひとつである登極令で「天皇践祚の後は直《ただち》に元号を改む」と定められ、時間的な余裕をさらに奪われた。しかも改元は枢密顧問《すうみつこもん》の諮詢《しじゅん》を経て、新天皇が決定し、詔書によって公布するとある（同令第二条・第三条）。践祚と改元とを極力近づけるこちらは、一天皇一元号のいわゆる「一世一元」の制（皇室典範第十二条）を実地に適用したものである。

践祚も改元も、ほかならぬ天皇の死であるからこそ要請されたものである。そしてそれらを行うのに「即ち」・「直に」が求められたのは、それが明治以降の皇室制度における基本的な原則である「万世一系」・「一世一元」に沿っており、それこそが皇室のためである、との考え方に基づいたものに相違ない。

しかし践祚と改元を実行するには、物理的にどうしてもある程度の時間を要する。そのことを無視してまで「即ち」・「直に」を求める者はあるまい。いくら努力しても崩御＝践祚＝改元となることはないし、また少しでもそれに近づくために万全の準備を整えておくことを、誰もが望むわけでもなかろう。現に午前零時四十三分と践祚のあいだにも、若干の空白がある（『明治天皇紀』十二、吉川弘文館、一九七五年）。

ただ夜十一時直前になって践祚から改元という一連の作業へと着手するとき、そのどこかで日付をまたぐ公算が相当に高くなる。それでは「即ち」・「直に」が文字通りではないことを、日付という覆い隠せない形で明らかにしてしまう。

死亡時刻の繰り下げという措置は、それを回避する手段としてとられた。「万世一系」

と「一世一元」を追求し、それらを践祚・改元という場において実践するためにこそ、死亡時刻の変更が必要となったのである。下げ幅が二時間で、時刻が零時四十三分となったことに厳密な意味はおそらくない。ただそれによって死亡時刻が翌三十日となり、崩御～践祚～改元によっても日付が替わらず、そして「自然な」時刻であれば、数字はいくつでもよかったものと思われる。七月三十日から大正元年がはじまる。

ジョージ五世の場合、生物学的な死の時刻そのものを変化させた。これに対し、明治天皇の際には、生物学的な死とは別に、公表のための死亡時刻を設けたということになる。逆からいうと、明治天皇が「自然な」最期を迎えたことはまず間違いない。

立憲政治がはじめて迎えた天皇の死

時刻をめぐる困難があったとはいえ、践祚と改元には、制度的な裏付けがあった。しかし天皇の死とその周辺については、そもそもそれすら存在しないところが数多くあった。とりわけ死にともなうもっとも基本的な行事ともいうべき葬儀と墓についての規定、すなわち喪儀《そうぎ》と陵墓《りょうぼ》に関する法令はまったく存在していなかった。実に巨大な不備といわざるを得まい。

そしてこの空隙《くうげき》は、明治神宮の外苑が完成を見たのと同じ大正十五年（一九二六）十月、大正の終末を見越して皇室喪儀令や皇室陵墓令が公布されるまで、解消することはなかった。大正十五年の法令に目を通すと、崩御のときの公告や追号、あるいは陵の名称・規模・位置などに関する条文がある。言い換えれば明治天皇のときには、そうした規定さえなかったのである。もちろんそれにもかかわらず、喪儀も行われて、陵も設けられてはいるのだが。

この不備は、当局者たちの無策によるものではない。皇室典範制定から十年を経た明治三十二年（一八九九）八月には、伊藤博文の意見によって帝室制度取調局が設けられ、整備が目指された。明治四十年（一九〇七）二月の閉局まで、同局は五一件の法令等を作成・上奏した。ただし一八件は明治年間には裁可に至らず、そのなかに喪儀令と陵墓令もあった（西川誠「大正後期皇室制度整備と宮内省」『宮中・皇室と政治』山川出版社、一九九八年）。関係者の回顧によれば、これは明治天皇が慎重に検討をしたためといい、巷間ではもっぱらこう伝えられていた。「陛下には、『朕《ちん》に適用さるる式令だの』と仰せられて、時の宮内大臣は恐懼《きょうく》措《お》くあたはざりしとの事」（『時事新報』大正元年七月三十日）。理由はともあれ、結果として法令に巨大な不備を抱えたまま、明治天皇の死は訪れた。

そうした事態となったのは、ひとつにはその訪れが急であったことがある。明治天皇の容態の公表がはじまったのは七月二十日。その直前まで普通に公務をこなしていた。そして容態公表から十日ほどで亡くなってしまう。法令整備のための余裕はなかった。

また同時にそれがはじめての事態であったためでもある。なんといっても憲法を核とした法＝政治システム、いわゆる立憲政治となって、はじめて体験する君主の死であった。それ以前にも、明治三十年（一八九七）には、明治天皇の母にあたる英照《えいしょう》皇太后が亡くなっている。しかし皇太后の死に際し、知事以下の高等官が打ち揃っていたにもかかわらず、だれも「宮中喪期間」であることに気づかないで盛大な歓迎会を催したといった出来事があったように（牧原憲夫「万歳の誕生」『思想』八四五、一九九四年）、今回とは比較にならなかった。

明治天皇は立憲君主として亡くなった史上最初の天皇なのである。その意味で明治天皇の死は、先例のない、未曾有《みぞう》の出来事であった。

君主の死と記念

天皇の死を国民へと知らせたものは新聞であった。ラジオ放送はまだはじまっておらず（放送開始は大正十四年）、新聞がメディアの王様だった。そもそも明治天皇は、その死がまず新聞というメディアによって伝えられたはじめての天皇であった。

はじめての死へのメディアの対応

新聞には、この死によってなにがどうなるのかという緊張が漲《みなぎ》っていた。立憲君主最初の死であり、多くのことが不確定であった以上、当然のことであろう。先例なきこの事態へどう対処すべきか——あたかもそうした問いへの答えを探し求めるかのように、各紙は連日、さまざまな人びとへ意見を求めて廻る。大隈重信《おおくましげのぶ》、板垣退助《いたがきたいすけ》、徳川慶喜《とくがわよしのぶ》、大倉《おおくら》喜《き》八郎《はちろう》、豊川良平《とよかわりようへい》、加藤弘之《かとうひろゆき》、穂積八束《ほづみやつか》……この時期に活動していた主要な政治家・実業家・学者はほとんど紙面に登場しているといってよい。しかも発言を寄せたのはこうした人びとにとどまらない。歌舞伎役者の中村歌右衛門《なかむらうたえもん》（五代目）、僧侶の釈宗演《しゃくそうえん》など、それぞれの分野を代表する著名人たち。さらに投書という形式で匿名・記名の人たちも意見を公にしていた。

今回の死とその後のことについて、明確な専門家はいなかった。法令の解釈から迫ろうにも、法令そのものが足りなかった。歴代天皇の先例にいくら詳しくとも、そもそも先例の通りに行われるのか、定かでない。だからこそ、あちらこちらで意見は求められ、そしてまた公表されていく。

意見は死を悼《いた》む言葉からはじまる。そしてその気持ちを形とすべきことを説いて終わりにする者も多い。そのようなときに使われるのが、記念という言葉である。しばしば紀念とも記される。大隈重信はこう述べる、「古今に冠絶する聖天子を永く万世に記念する事なくんば、凡《およ》そ世の中の事、一として記念すべきものなかるべし」（『報知新聞』八月八日）。記念という行為をなんらかの事業として行えという声は、あらゆるメディアに満ち溢《あふ》れた。

明治天皇を記念せよ

死を悼む言葉は大同小異だが、記念事業は人それぞれである。銅像・記念門・記念塔というといかにも記念事業らしいもの。博物館・図書館・美術館・科学院といった文化施設をつくれという意見。はたまた職業紹介事業の拡充といった社会事業。そして神社。まさに記念事業の氾濫《はんらん》である。

これらは、『国史大系』の編者に名を残す歴史学者・黒板勝美《くろいたかつみ》による「我国の現在で此《この》種の物の中で最も欠乏して居るのは、図書館以上の博物館である」という議論のように（『東京朝日新聞』八月六日）、日頃から欲しいと思っていたもの――それは往々にして欧米にはあっても日本にないもの――を、この機会につくってしまおうとの発想に基づいている。黒板が博物館を欲し、あるいは林学者・本多静六《ほんだせいろく》が道路の脇に植樹しようと訴えているあたりからも（「明治天皇記念行道樹の植栽を勧む」『大日本山林会報』三六〇、大正元年十一月）、この点は分かるだろう。「此際ならば土地も金も容易に獲《え》らるべく」という、あからさまな発言をした人物もいる（『東京朝日新聞』八月八日）。宿願を決行する絶好の機会というところだろう。

記念事業の中身についてかくも雑多な意見が現れたのは、そもそもそれを求める声が多種多様な人びとからあがっていたことによる。記念でなにかをしようという場合、限定的な関係者からなる集団によって発起され、実施されるのが普通である。還暦や退職を記念する行事を想起すればよい。ところが今回について言えば、一部の関係者のみが記念事業を構想したのではなかった。明治天皇とは直接的な面識のない人までもが、新聞へ投書してまで意見を開陳していた。類比的に言うならば、だれもが関係者として主張していたのであり、希望すればとりあえずだれもが「自由」に企画し、参加することができた。これ

図7　明治神宮鎮座記念切手
明治天皇即位五十周年記念切手は出なかったが，明治神宮は記念切手となった

が天皇という対象に由来するものであることは間違いない。

融通無碍《ゆうずうむげ》なる記念

もともと記念はおおらかな行為である。『広辞苑《こうじえん》』の編者としても知られる言語学者の新村出《しんむらいずる》は、「御即位五十年の紀念物として適当なる計画は、東京及《およ》び京都に大図書館、大博物館を建設するに在り」と考えていたが、これを「転じて此《この》計画を崩御の紀念として此際其《このさいその》実行を企つること、誠に国民の誠意を表し奉る上に最も然《しか》るべき儀なるべし」と述べる（『大阪毎日新聞』八月四日）。あと数年というところで潰《つい》えてしまった即位五十周年の記念事業について、すでに数多くの具体案が発表されており、しかもそれらは今回のものとかなり重なっていた（図7）。同じく明治天皇にかかわることであるとして、即位五十年も死も、記念事業の機会という点からは大差ないものとみなされ、その転用が企てられる。記念事業は生と死の境を軽やかに飛び越える。

さらに内務省当局者の談に、忠良なる我が国民は、先帝即位五十年記念事業を「移して直ちに今上《きんじょう》天皇即位の記念事業」となし云々《うんぬん》とある（『国民新聞』八月一日）。こちらは新村とほとんど同じことを言いつつも、移す先が「今上天皇即位」となっている。前天皇の即位五十年は新天皇の即位とも変わりはないというのである。記念という振る舞いは、明治と大正という境界をも超えていく。

記念の気ままさはとどまるところを知らない。静岡県安倍郡長であった田沢義鋪《たざわよしはる》は、大正二年一月の郡会で、郡誌の編纂と記念林の造成を提案して、次のように述べている。

この生涯においてまたと遭遇しがたい国家の大事に際しまして、郡民が発露しました其の感情を永遠に記念いたしまして、永遠に伝へるといふことは、吾々《われわれ》国民の義務にして、最も必要なることであらうと思ひます。（『清水市史』二、吉川弘文館、一九八一年）

天皇の死そのものだけではなく、それに対して示した郡民の感情も記念しなくてはならないというのである。同様の感情を発したのは安倍郡民に限らないはずで、それらもすべて記念されてよいことになるだろう。記念すべきものはこうして一挙に拡大していく。

明治聖代を記念せよ

しかも記念すべきとされたのは、天皇やそれに対する感情だけではない。天皇の死後ただちに改元がなされ、明治という元号の時間も終了した。これをひとつの時代の終焉と受けとめ、それへの回顧がなされるなか、明治という時代を記念せよとの議論が現れる。記念されるべきなのは、それが輝かしい時代と考えられたからだ。維新・憲法・戦勝・領土拡大……思い浮かべるのはなんでもよく、人それぞれで構わない。輝かしく思える出来事のあった時代を自分が確かに生き、「われわれ」の時代と感じ、それを記念しようという思いが言葉となる。記念しようとする人びとは、記念される人びとでもあった。

ところがその「われわれ」の時代は、明治という元号で区切られ、「一世一元」の制により、同一の天皇の在位期間とほぼ完全に重なっていた。その時代をいうのに「明治聖代」・「明治聖世」という言葉が好まれたように、それは「聖天子」の「治世」・「御代」と見ることもできた。天皇と時代とはこうして重なっていく。

とはいえ、いかに天皇といえども、天皇と時代とは別である。天皇を記念することと、時代を記念することとが完全に一致するわけではない。しかしこうした状況のなか、その在位期間のほとんどが明治という元号を戴いた時間と重なった天皇へおくる名として、明治という言葉以上に相応《ふさわ》しいものを見つけることが極めて難しいことも、確かである。

なるほど、明治という追号の選定に関与した股野琢《またのたく》がいうように、適当な文字は大概つけられてしまっていたせいもあったろう。彼は神聖天皇・光烈天皇などの案は退けたと述べている（『国民新聞』八月二十八日）。だが生半可《なまはんか》な文字を選べなかったのは、明治という異例の競争相手があったからにほかならない。すでに大行天皇の段階でしばしば新聞などでは明治天皇と呼ばれていた。「一世一元」という、明治にはじまった新たな制度となによりも適合した呼び方が明治天皇だったのであり、先例にとらわれなくてもよいとの決心さえつけば、それがもっとも簡便ではあった。記念をめぐる状況もその決意を後押しする。むしろ「一世一元」の制は、明治という追号を送ることによって完成したと言うべきかもしれない。

明治天皇というモダンな呼び方

哲学者・井上哲次郎《いのうえてつじろう》はいう、「明治天皇とさへ申せば、幾百年の末でも、此《この》大皇帝を追懐し得らる、と同時に、光輝ある明治時代を思ひ起す事が出来る」(『国民新聞』八月二十八日)。明治天皇を思い出すことは明治時代を思い出すことである。これは思い出すというところを、記念するに置き換えても成り立つだろう。この命題は逆もまた真であった。「明治時代記念は取りも直さず先帝御偉業記念で有るのは、今更《いまさら》申すまでも無《な》い」。これは人類学者・坪井正五郎《つぼいしょうごろう》の言葉である(「明治博物館と日本版図内の諸人種」『中央公論』二七—一〇、大正元年十月)。そしてこれら命題の正しさを支えることとなったのが、元号と追号との一致であった。明治を記念せよ——そう言っておきさえすれば、その明治とは何であるかなど、それ以上の詮索はとりあえず無用となった。

明治天皇という呼び方は、在位期間の重なりを通じてつながっていた天皇と時代との関係を、再確認し、強め、一体のものとする効果を持った。再び繰り返すと、そうしたモダンな名をおくられた最初の天皇が、明治天皇だった。

明治神宮を東京へ

運動の中心人物たち（左から渋沢栄一・阪谷芳郎・中野武営）

葬送儀礼へ参入せよ

記念は必ずしなくてはならないものではないだろう。明治天皇の場合も、学者を中心に数多くの案が出された割に、実現したものは少ない。いささか無責任に思いつきを言ったところで、咎《とが》められることもなかった。しかし死後の一連の儀礼、つまり葬儀と埋葬の場合、普通そうはいかない。必ずや実行しなくてはならない。

天皇陵を東京へ

その過程へと参入すべく行動を起こした人びとがいる。就任まもない東京市長・阪谷芳郎《さかたによしろう》は七月三十日に臨時市会を召集、その席で弔意を表した後、次のように報告した。

尚《なお》此機会に一言すべきは、市会議員並《ならび》に市民諸君より、市長の許《もと》へ申出《もうしい》でられたる御陵墓の位置に関する問題なり。(中略)市長は今朝午前一時参内の砌《みぎり》、親しく宮内次官に面会し、陛下の御遺言又《また》は止《や》むを得ざる制規ありて、東京以外の地に御陵墓の位置を相《そう》せらる、場合ありとせば、万《ばん》止むを得ざる次第なるも、然《しか》らざる限りに於《おい》ては、赤誠と至情とを諒察せられ、「東京」の文字を冠せらる地を御選定あらんこと申上げた。(『東京市会史』三、一九三三年)

また同じ日、渋沢栄一《しぶさわえいいち》のもとへ日本橋区会議長・柿沼谷蔵《かきぬまたにぞう》が訪れて、「御陵墓を是非関東に御とどめ申し度《た》い。之《こ》れは日本橋全区民の希望である」と述べていった(渋沢栄一『雨夜譚談記筆記』、『渋沢栄一伝記資料』四一、一九六二年)。翌日には柿沼らが「明治天皇御陵墓地御選定哀願の件」について協議会を開いている(『市民の師表柿沼谷蔵翁』日本橋区教育会刊、一九三二年)。

八月一日には渋沢・阪谷・柿沼と中野武営《なかのぶえい》・近藤廉平《こんどうれんぺい》・早川千吉郎《はやかわせんきちろう》・星野錫《ほしのせき》が商業会議所に集まり、「御陵の件」で会合している(『阪谷芳郎東京市長日記』芙蓉書房出版、二〇〇〇年)。中野は東京商業会議所会頭、近藤は日本郵船会社社長、早川は三井財閥の幹部、星野は東京商業会議所の副会頭にして衆議院議員。すなわち死の公表から二日にして、東京市長・東京商業会議所会頭・代議士を含む集団が形成され、運動を牽引することになったのである。

三日には、区長・区会正副議長が小石川《こいしかわ》区役所に会して阪谷市長へ請願の取り次ぎを取り計らうよう申し合わせ（『報知新聞』八月四日）、すでに東京市選出代議士も動き出していた（『国民新聞』八月一日）。これらを背景に、阪谷市長は精力的に活動を展開する。日記によると、七月三十一日には元老である松方正義《まつかたまさよし》・井上馨《いのうえかおる》、八月一日には渡辺千秋《わたなべちあき》宮内大臣・河村金五郎《かわむらきんごろう》宮内次官、二日には西園寺公望《さいおんじきんもち》首相・原敬《はらたかし》内務大臣、三日には元老のなかの元老ともいうべき山県有朋《やまがたありとも》を訪ね、陵墓の件を陳情している。また渋沢栄一もほぼ同様の相手に陳情している。阪谷芳郎の妻・琴子《ことこ》は渋沢栄一の次女であり、姻戚関係にあるこの二人が「殆《ほとん》ど毎日の如《ごと》く面晤《めんご》し」（『国民新聞』八月四日にある渋沢の言葉）、それぞれ東京の政治と経済を代表する格好で、運動は進んだ。

運動の目標は「天皇陵を東京へ！」というものであった。すでに触れたように、この時点では陵墓に関する法令がなかったため、天皇陵がどこかしらに設けられるとしても、その位置は定かでなく、運動する余地は十分にあった。まして「往古《おうこ》以来、山陵は皆其《その》帝都に就《つ》きて築造し」たのなら、なおさらである（『東京朝日新聞』八月九日）。「帝都」の体面もかかっていた。

天皇陵から神宮へ

しかし八月一日、河村宮内次官が、大喪を青山練兵場で行うこととともに、陵は京都府下紀伊郡堀内村《きいぐんほりうちむら》旧称桃山城址《ももやまじようし》に内定していることを公にした。法令を根拠にできないこの決定は、明治天皇の意思によるものとされた。

明治三十六年四月、京都滞在の折、皇后と夕食をともにして京都の今昔を話題としていたとき、天皇自身が卒然《そつぜん》と述べ、典侍《てんじ》の千種任子《ちぐさことこ》がその旨を日誌に記したという（『明治天皇紀』十二）。ともかく、この発表により、明治天皇陵は京都へ置かれることとなった。「天皇陵を東京へ！」という希望は行く場を失い、東京の運動は頓挫《とんざ》するかにみえた。

さて、かくなる上は、「何とか御陵墓の代りに先帝の御遺物御紀念として、永世に伝ふるよき方法は無いであらうか」（阪谷芳郎「明治神宮奉賛会経過」『明治神宮奉賛会通信』第四号付録）。「天皇陵を東京へ」という形での参入が失敗に終わるや、阪谷や渋沢は、その代わりとなる記念を求めていく。

御陵墓を桃山に卜《ぼく》せられたるに就ては、二百万の帝都民は遺憾の情やる方なく、せめては御尊霊を奉祀すべき神社を帝都に建立せられん事を請願するもの続出し、二日来、市役所へは或《あるい》は出頭し、或は文書を以てし、先帝を景慕し奉る至情を致すもの頻々《ひんぴん》たり。（『報知新聞』八月三日）

陵墓がだめならせめて神社をという文脈で、明治天皇を祀《まつ》る神社をつくろうという構想が浮上する。もちろん東京にである。阪谷市長の言葉では、「交換問題といふでは無いが、御陵が略《ほぼ》桃山と定まつたので、期せずして明治神宮を青山に建造する議が起つて参りました」（『国民新聞』八月五日）となる。天皇陵の代わりとなる記念として神社・神宮なのである。

阪谷の言葉にある青山云々《うんぬん》というのは、大喪の会場である青山練兵場の祭殿跡を保存もかねてそのまま神社にしようというもの（『東京朝日新聞』八月三日）。これだと文字通り死後の儀礼の延長上にある。いわば葬送儀礼のその先に、神宮という代替物を「発見」したことで、阪谷と渋沢、そして彼らを中心とする集団も、以後は神宮建設へと目標を変更して運動を続けることになる。金子堅太郎《かねこけんたろう》は言う、「桃山の御陵地に参拝するには多少不便の点も無いでは無いから、東京に神宮を建てれば、市民は必ず喜ぶに相違なからう」（『国民新聞』八月四日）。東京市民のための神宮！　まさに「神宮を東京へ！」である。

神宮を東京へ

新聞は各紙とも阪谷や渋沢の動きを詳しく伝えた。とりわけ熱心に神宮建設の論陣を張ったのは徳富蘇峰《とくとみそほう》の『国民新聞』である。天皇陵が桃山と決まった翌日の紙面から、連日「〇〇氏謹話」として、阪谷・渋沢・中野武営といった運動の中心人物はもちろん、長らく宮内大臣を務めた土方久元《ひじかたひさもと》から新橋駅の駅長に至るまで、各界の人々の言葉を掲載した（図8）。何某はこんなことをいっていますが……そう記者に水を向けられ、慎重に言葉を選ぶ者、ここぞとばかりに思いのたけを喋《しゃべ》りまくる者、はては『こがね丸』などで知られる作家の巌谷小波《いわやさざなみ》のように、神社で配る「御守札《おまもりふだ》には五箇条の御誓文を」と、ヘンに細かいこだわりを見せる者まで、実に各人各様。

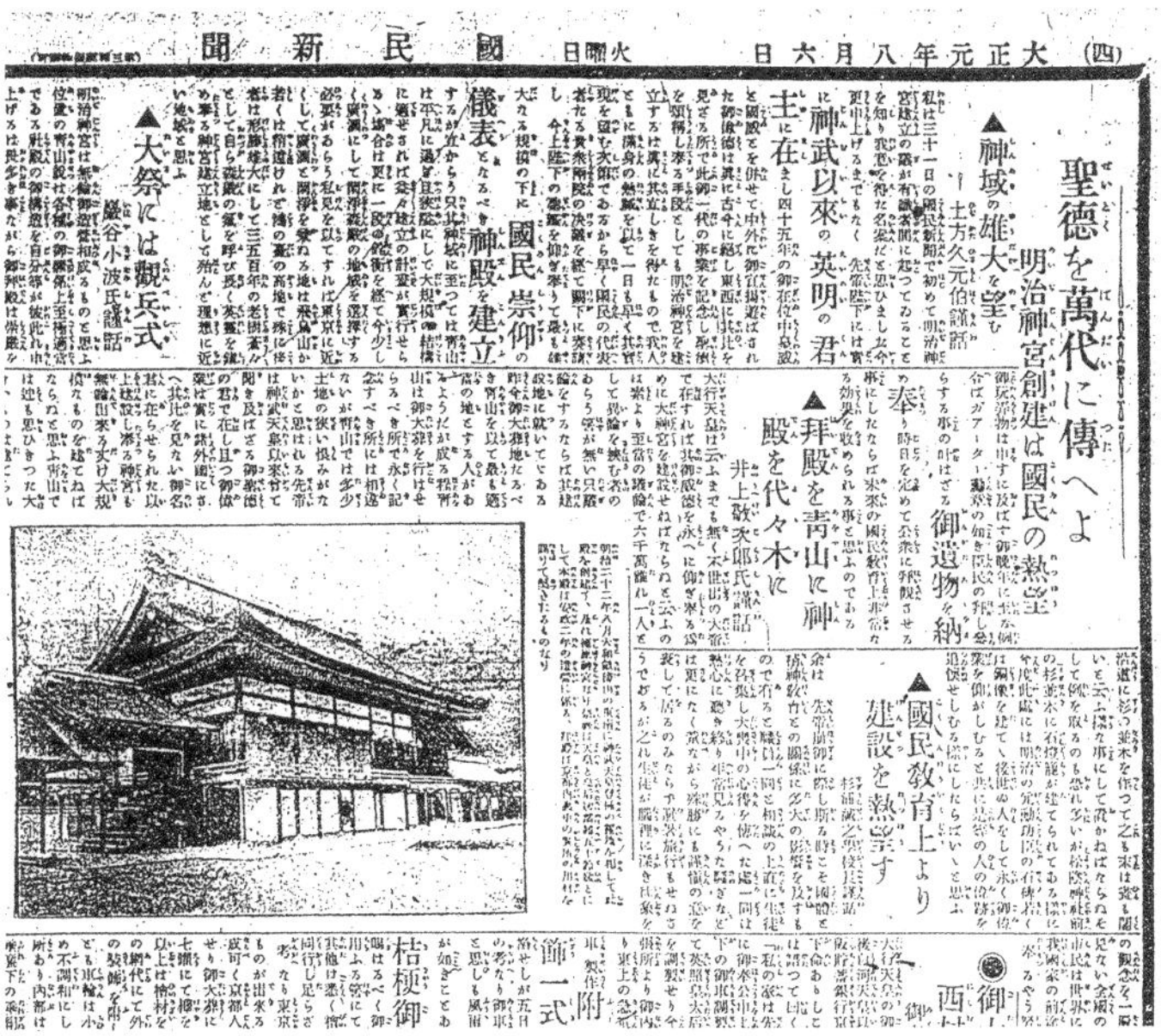
(四)　大正元年八月六日　火曜日　國民新聞

聖德を萬代に傳へよ
明治神宮創建は國民の熱望

▲神域の雄大を望む　土方久元伯談話

▲神武以來の英明の君

▲拜殿を青山に御殿を代々木に　井上敬次郎氏談話

▲國民教育上より建設を熱望す

儀表となるべき神殿を建立

▲大祭には觀兵式　巖谷小波氏談話

図8『国民新聞』の明治神宮キャンペーン

「天皇陵を東京へ！」との目標を実現する見通しを失ったにもかかわらず、阪谷や渋沢を中心とした運動が、神宮という新たな目標を「発見」し、転進できたのは、記念があふれかえり、神宮建設が喧伝《けんでん》されていたことが大きい。むしろ目標を神宮建設へと移行して以降、記念事業の海のなかに自らを投じ、積極的にその牽引役を担ったとすらいえるだろう。神宮創建という構想は、ほかから隔絶したものではなく、かえって記念の追い風に乗り、支持を広げていく。もっとも逆から言うと、明治神宮も記念事業の海に浸かり、ほかの構想との競合を余儀なくされるということでもある。

しかし、記念として明治天皇を祀る神社をつくるということに関しては、根強い批判が存在した。この時期たびたび新聞に登場していた黒板勝美はこう述べる。

記念と神宮

今日までに新聞などで見る所に依《よ》ると、明治天皇の記念として神宮とか博物館とかいふ風に、何《ど》うも神宮と記念物とを混同して一緒に考へて居るやうに思はれるが、私は之《こ》れには不服である。御宮を記念物と見るのは可笑《おか》しい。神宮は万民が仰ぎ奉つて崇高敬虔な念に打たる可《べ》きもので、神宮は何処《どこ》までも神宮、記念物では無い。(『東京朝日新聞』八月六日)

神宮はあくまで神宮であって記念物でない、崇敬の対象なのだ。黒板教授にこういわれれば、なるほど、ひとつの理屈だなと思われるだろう。もっともこれには反対もあった。黒板の同僚でもある姉崎正治《あねざきまさはる》教授は、「記念するが故《ゆえ》に崇敬の念が起り、崇敬す可きものなるが故に記念の心も起るのだ」とし、記念と神社にしっかりとした線引きを施す黒板のような態度を批判している(『東京朝日新聞』八月八日)。こちらもうなずけるところがあるだろう。

ただしこうした応酬を見て、黒板の言葉を、神宮という宗教施設と記念物とを一緒にすることは怪《け》しからんというものだと解したとすれば、おそらくそれは誤りだろう。というのもこの時期の公式見解では、そもそも神宮・神社は宗教ではないとされていたのだから。なに？　いったいそれはどういうこと？

こうした疑問を抱かれた方のために、明治天皇を祀る神宮が噂《うわさ》にのぼりはじめた頃の神社の様子について、少しばかりまとめて説明をしておこう。ただしそんな説明など煩《わずら》わしい、明治神宮の先が気になるという方は、直《ただ》ちに「神宮創建計画の波紋」へ飛ばれても、結構である。一方、次節のようなことをより詳しく知りたいという向きは、本書の著者の旧著『明治国家と宗教』（東京大学出版会、一九九九年）を手にとっていただきたい。

明治時代の神社と国家

神社について戦前と戦後とを対比した場合、その決定的な違いが、《神社を国家が管理し、公式にはそれを宗教ではないとしていた戦前／そうでない戦後》という点にあるとして、多分誤りではなかろう。ただこの明快この上ない対比に固執するあまり、たとえば、戦前期の国家と神社との関係にも大きな変動が何度かあったことを見逃したり、あるいは国家が、神社を優遇するために、神社は宗教ではないという「まやかし」の論理をつくりあげたとまで断言したりするならば、明確な誤りと言って差し支えない。

まずは戦前期の変動について。

戦前＝国家神道？

明治以降の神社に関係することのうち、歴史の教科書などで最初に登場するのは、神仏分離・排仏毀釈《はいぶつきしゃく》というあたりである。前者は神道と仏教の分離をはかろうとした政策や思想・運動のこと。後者はそれと深い関連を持ちつつ行われた廃寺や仏像の撤去といった仏教抑圧のこと。明治維新直後の事件である。ところがこのあと、靖国神社への言及を除き教科書から神社の姿は消える。そして敗戦とともに突如GHQの神道指令によって「国家神道」が解体され、はじめてどこかで「国家神道」なるものができていたことを知る。言うならば最初と最後だけがあって、途中はほとんど記述がない。そのため排仏毀釈と国家神道とが直結して理解され、維新後しばらくして国家神道が成立、仏教をはじめとした諸宗教を抑圧したと想像しがちである。

しばらく前まではそもそも研究自体がそう考えていた。国家神道という考え方を一般に広めることへ寄与した村上重良《むらかみしげよし》『国家神道』（岩波書店、一九七〇年）などがその代表である。同書では、国家神道とは「近代天皇制国家がつくりだした国家宗教」で「神社神道と皇室神道を直結して形成された特異な民族宗教」であり、教派神道・仏教・キリスト教に君臨し、明治二十二年（一八八九）の大日本帝国憲法によって成立したとされている。こうした見解を前提とするなら、先の教科書のような像は当然の帰結ということもできる。

だが現在では村上のような見解を保持ないし踏襲《とうしゅう》する専門家は皆無といってよい。国家神道という語を使う論者も、ほとんどの人はその定義を「教派神道とは異なる神道の一派」、すなわち神社神道と等しいものとしているし、その成立も村上説より一〇年以上遅い日露戦争（明治三十七〜八年）以後あたりに置くことが多い。なかには神社神道と異ならないならわざわざ国家神道などと言わなくてもよいのでは、とする研究者も出てきている。このように説明のしかたは異なるものの、村上説をそのまま支持することはできないとする点で、議論の一致を見ている。その理由はいくつかある。ただし排仏毀釈以後の時期に関する研究の進展を第一に挙げることに異論はあるまい。

明治維新からしばらくした時期の様相を検討していくと、いわゆる国家神道のイメージにどっぷり浸かっていると意外に思える事実がいくらも転がっている。たとえば明治十年代も後半に入ると、キリスト教を日本の国教にしようという議論が結構ある。その多くがキリスト者によって発せられていることは確かだが、福沢諭吉ないしその周辺の人物が旗振りをしたこともあり、キリスト者を超えた支持層を持っていた。このうち福沢周辺の主張が「脱亜論《だつあろん》」（明治十八年）へとつながっていくように、これは西洋との同一化をよしとする「欧化《おうか》」という風潮の一環であるには違いない。ただそれよりも、こうした意見があったということから、そもそも国教なるものがあってもよいと当時は考えられていて、しかしそれに値するものがいまはなく、キリスト教をそこに据えることができると期待され、さらにそうした意見を公にしたところで、咎《とが》め立てられることのなかったことが明らかになる。仏教やキリスト教に君臨する国家神道といわれても、虚《むな》しさだけが響いていく。

だが、いやいやそれは明治憲法以前のこと、憲法によって状況は変わり、国家神道ができたのだ、という声もあるかもしれない。そこで憲法をつくった当人に説明責任を果たしてもらおう。伊藤博文は枢密院における憲法審議の開会に際し、起草者かつ議長として長《ちょう》広舌《こうぜつ》を振るった。明治天皇も臨席したその演説にはこうある。いま、憲法を制定するにあたり、まずは我国の機軸を求め、確定しなくてはならない。そもそも欧州では、憲法政治が萌芽して千余年経っており、制度に習熟しているのみならず、また宗教なるものがあって、機軸をなし、人心に行き渡り、帰一《きいつ》を見ている。しかし、

我国に在ては宗教なる者其《その》力微弱にして一も国家の機軸たるべきものなし。仏教は一たび隆盛の勢を張り上下の心を繋《つな》ぎたるも、今日に至ては已《すで》に衰替《すいたい》に傾きたり。神道は祖宗《そそう》の遺訓に基き之を祖述すとは雖《いえども》、宗教として人心を帰向《きこう》せしむるの力に乏し。我国に在て機軸とすべきは独り皇室あるのみ。(『枢密院会議議事録』一、東京大学出版会、一九八四年)

つまり仏教も神道も駄目だから皇室を機軸にというのである。伊藤の言葉のあとでは、この憲法によって、神社神道と皇室神道が直結した国家神道が成立したなどといわれても、もはやどこにどう反応してよいのやら、見当もつかない。

排仏毀釈以降の社寺政策

こうした伊藤の言葉に対応するような政策が、現に神社に対して採られていた。明治維新期には社寺への上地が実施され、社寺の土地のかなりの部分が国家の所有へと帰した。この措置への補償金の給付が国家によってなされた。しかしその終了とともに、社寺への「公費」支出は規制され、明治十七年（一八八四）末の時点では、伊勢神宮と官国幣社《かんこくへいしゃ》への国庫支出だけが残った。すなわち二〇万社に届こうかという神社のうち、国家の財政的援助を受けられたのは僅か一五〇社前後の特別な神社のみとなり、ほかは一律に寺院と同じく「独立自営」を求められた。「政教分離」といった言葉もときに用いられている。

「公費」支出の削減はその後もさらに進む。そして明治二十年度（一八八七年度）から、官国幣社への支出も十五年間限定の保存金という名目へと改められる。各神社はその半額以上を積み立て、保存金終了後はそれを基金に「独立自営」せよ、とされた。この仕組みがうまくいけば、最終的には、国庫から経費や営繕費などが支出される神社は、措置が別枠でなされた靖国神社と招魂社《しょうこんしゃ》を除けば、伊勢神宮ただひとつとなり、そのほか官国幣社へ祭典費用として神饌幣帛料《しんせんへいはくりょう》が供されるのみとなる。神社が国家から手厚い保護を受けていたという国家神道なる語の醸《かも》し出す雰囲気からすると、情けないほどの状態に置かれていたといえるだろう。

そしてこうした方針を、政府部内の文書では、維新の際の「敬神上過度の傾向」を反省し、正常な状態へと引き戻すものと説明していた。要するに維新期の神仏分離・廃仏毀釈の延長上には、その後の国家と神社との関係は展開していかなかったのである。

二十世紀初頭における政策転換

しかしながら憲法制定以前に策定されたこの計画は、完遂《かんすい》を見ずに挫折する。保存金制度は廃止され、神宮のみならず官国幣社へも経費等が国庫から支払われる。さらにそれに続くランクにあたる府県郷村社についても、一部に神饌幣帛料の支出が決まる。もっとも、だからといってそれにより神社がすぐさま裕福になったわけではない。必要な費用が全額支給されたわけではなく、不足分についてはさまざまな自助努力が求められていた。しかし世にいう国家神道に近いものは、これによりはじめてその姿を現したということはできるだろう。

この政策転換までの道のりは長かった。議会なき時代に明治政府が専決した保存金制度に対し、神職は地道に反対運動を続ける。議員たちがその意を汲んで政府を追及する。選挙を通じて両者は関係を深める。神職は議会に基盤を置く政党内閣へと期待をかける。そしてついには内務省にその主張へ共鳴する辣腕《らつわん》官僚・水野錬太郎《みずのれんたろう》が登場、大蔵省などの反対を押し切って右に記したような政策転換をはかる。明治三十九年、西暦一九〇六年。旧制度の構築とそれへの反対運動の開始から二〇年近くが過ぎ、その間に日清・日露の二度の戦争が戦われ、すでに世紀もかわっていた。維新から四〇年、明治の終焉まであと数年というところのことである。

憲法と議会なき藩閥政府の神社政策が、自由化を旨とするものであったとすれば、それへの対抗として開始され、議会を舞台とした運動が成就したのは、政治的民主化のおかげということになるだろう。もしこの先に築かれていくものを国家神道と呼ぼうというならば、このことを踏まえた上でなされる必要がある。いずれにしろ、戦前期の神社に、政策の転換にともなう大きな変動があったことは、確かである。

非宗教＝優遇？

しかしそうはいっても、明治国家が神社を優遇するために、神社は宗教でないとする「まやかし」の論理をつくりあげたのではないか――そうしたつぶやきも聞こえてきそうだ。神社が宗教でないという言い方は、多くの人にとり、奇異に響くだろう。この点についてはどうだろうか。

まず、神社が宗教でないということは、なんら当然に神社への優遇を導くものではないということを、確認しておかねばなるまい。宗教であるかどうかと、それを優遇するか否かとは、本来は何の関係もない。キリスト教を国教に、という主張のごとく、あるものを宗教と認めた上で優遇するという選択は、十九世紀において十分に現実的なものであった。つまり宗教であったとしても国家がそれを優遇することは可能であり、非宗教であるが故に優遇されるという必然性などどこにもない。さらに言うと、国教があることは好ましくないという、いわゆる政教分離の考え方が受容されてはじめて、非宗教であることに特別の意味が生じてくる。

では、なぜ神社は宗教ではないとされたのか？　この点を考察するには、宗教という言葉について思いを馳せる必要がある。

十九世紀日本への宗教伝来

十九世紀の日本において、宗教という考え方は新しいものだった。そもそも宗教という言葉自体、ラテン語のreligioに語源を持つ一連の西洋諸語（religion／Religion）の訳語として、維新前後に再発見ないし創造されたものである。しかもこの宗教という語は、無色透明な用語ではなかった。キリスト者が宗教を、天啓宗教と自然宗教、あるいは一神教と多神教・汎神教などと分類し、前者に含まれるキリスト教は後者に入る仏教や神道に優越すると説いていたように、自己の優位を主張するキリスト者の語り方において、重要な構成要素となっている言葉でもあった。

しかしキリスト教と密接に絡みあって伝来したこの宗教なる考え方を、仏教者はこのままでは受け容れることができない。それは仏教がキリスト教より劣っていると認めることをも意味したのだから。そこで彼らは、それに対抗する語り方を懸命に編み出していく。仏教こそが知力と情感の両面を兼備した唯一の宗教であるなどと。そしてその中心人物が井上円了《いのうええんりよう》であり、こうした作業によって、ようやく仏教は、キリスト教に劣らぬ宗教として、自己を主張できるようになる。おおよそ明治十年代後半のことである。

こうして日本語のなかに、宗教の双璧たる仏教とキリスト教を対比するという宗教の語り方が広く定着する。そして両者の共通項として抽出されていくものが宗教の核とされていく。十九世紀の日本において、宗教の概念はいまと比べるとはるかに狭く、儒教や今日なら民俗宗教といわれるようなものはもちろん、神道もそれから容易に外れることができたのである。言い換えれば、この当時、神社が宗教でないというのは、なんら奇異なことでも「まやかし」でもなく、ごく当たり前の見方だったのである。宣教師に仏教者、はては世俗的な学者まで、そこかしこでそうした前提での議論が見受けられるのは、そのためである。

そして神道系の人びとも、一部が宗教として自己主張を試み、いわゆる教派神道を形成していくものの、多数派は、神社を宗教とは異なるものとすることで自己を主張していった。政府もこれら当事者の主張をできる限り許容とする方向で政策を行う。その結果、明治憲法の制定前後には、宗教といえばまずは仏教・キリスト教であり、このほかに教派神道がある一方、神社は宗教ではないという形での制度化がなされていく。

ところが世紀が移ろうというころ、宗教をめぐって地殻変動が起きる。それを引き起こしたのが、宗教学者なる人びとであった。宗教学者たち――その代表が嘲風《ちょうふう》こと、東大の初代宗教学講座教授・姉崎正治《あねざきまさはる》であり、簡単に言えば、特定の宗派などを称揚するのでなく、宗教全般の専門家を称する人びと――が現れ、右に述べたような十九世紀に確立した宗教についての考え方を批判する。そんなものは仏教・キリスト教中心的で、できあがった組織にばかり注目した古くて不十分な見方であり、個人の内面における信仰を核としてこそ、真の宗教が分かるのだ、と。宗教の本質が個人の内面へと還元されることで、宗教の範囲は、仏教とキリスト教をはるかに超え、拡大していく。

二十世紀日本における宗教の変容

すると崇敬といった言葉で語られていた神社に対する心情も、信仰ではあるまいか、ならば神社も宗教なのではないか、といった疑念が生じるようになる。神社が宗教だとする今日的な通念は、宗教学者によってもたらされた二十世紀のこの新たな語り方の延長上にある。つまりここでも、明治の途中に大きな変動があった。先の神宮と記念の関係をめぐる黒板と姉崎の対立は、単なる同僚間の意見の相違ではない。宗教をめぐる十九世紀の語り方と二十世紀のそれとの断層をも示していたのである。

そしてこの新たな語り方は、十九世紀に政府がつくりあげた神社・宗教に対する仕組みの根底、すなわち神社は宗教ではないとの前提を揺さぶることとなる。二十世紀の神社は、政策の転換にともなって国からの保護が手厚くなっていく一方、そのあり方の前提を揺るがす事態へと直面していたのである。

明治神宮が取りざたされるようになったのは、こういったころのことであった。

神宮創建計画の波紋

東京市の阪谷芳郎市長と大実業家の渋沢栄一らが中心となり、明治天皇を祀る「神宮を東京へ！」を目標に掲げた運動は、『国民新聞』をはじめとしたメディアによって大きな支持を受けた。しかしその一方で、『時事新報』のように慎重な言い回しを主とした新聞もあったし、また少なからぬ疑問も呈されていた。

なぜ東京なのか

まずは「神宮を東京へ！」という部分への批判がなされた。もともと「天皇陵を東京へ！」という運動が、その実現の目途を失い、転進した先が「神宮を東京へ！」であった。東京の運動と非難されても、完全に否定しさることはできまい。「彼《か》の東京中心的の姑息《こそく》なる神宮」などといった雑言を含む投書も見られた(『東京朝日新聞』八月十二日)。

東京市会議長などを歴任した衆議院議長・大岡育造《おおおかいくぞう》はこう述べている。

東京市民が率先して責任に当たらんとするは、輦轂《れんこく》の下《もと》にある民として寔《まこと》に殊勝《しゅしょう》なる次第である。左《さ》れど陛下は東京市民のみの陛下にあらず。日本全国民が推戴する陛下である以上、先帝の御聖徳を永遠に記念せんとする神宮も国家的のものとせざるべからず。（『国民新聞』八月四日）

閣員の松田《まつだ》正久《まさひさ》司法相や原敬内相もほぼ同様のコメントを残している（『国民新聞』八月十一日、『報知新聞』八月九日）。「輦轂の下」すなわち「帝都」といえども一地域であり、全国家的な存在である先帝を独占するのはいかがなものかという大岡による提案は、神宮創建が国家的事業であることを明確に示すよう、国費によって建造せよというもの。この案は、神宮を東京につくることそのものは否定していない。現に大岡は、神宮の位置は東京府下の青山が適当であると言っている。かれが問題としているのは、その場所ではなく、つくり方であった。東京にあってもよい。だが神宮建設はだれの仕事なのか。国のやるべきことなのではあるまいかと注意を喚起する。

こうして東京主導で実業家たちが多く名を連ねる運動への批判は、かえって神宮への国家の関与を強く求めていくものとなる。運動する側もこうした批判を無視することはできず、論理と実際との両面で対処すべく模索がなされていく。

しかしより直截かつ根源的な批判は、「神宮を東京へ！」についてのものだろう。

なぜ神宮なのか

なぜ神宮・神社なのか？　阪谷・渋沢・中野らに即していえば、それは天皇陵の代替物として、乱舞する記念事業のなかから「発見」されたものであった。だが数多くの事業がありうるなか、なぜ神宮なのか？　ほかのものではだめなのか？

しばしば引き比べられたのが、記念像である。形像《けいぞう》というのが法令的には適切であったが、一般にはその素材から銅像と呼ばれることも多かった。

十九世紀から二十世紀初頭にかけての西洋は、まさに記念像の時代といえた。たとえばベルリン市では、一八五八年の時点で一八点であったものが、一九〇五年には一〇倍以上の二三二点に達したという（大原まゆみ『ドイツの国民記念碑』東信堂、二〇〇三年）。またロンドンでは、一八四四年には二二体。それが一九一〇年には二一五体となったという（光永雅明「銅像の貧困」『記憶のかたち』柏書房、一九九九年）。ほかの国ぐにも大同小異で、さながら国家間競争の観を呈していた。

西洋を訪れると否応なく目に入る記念像は、日本でも知られていただけでなく、実際につくられ、屋外に据えられていた。明治天皇に関して、記念像が人びとの口にのぼったのは、「西洋にては君主逝《ゆ》ける後、記念像を建設して、永く其《その》盛徳功業を追慕する例」であるとされ（『報知新聞』八月四日）、そして日本にも、すでに君主の記念像が置かれていたことによる。靖国神社の大村益次郎《おおむらますじろう》像（大熊氏広《おおくまうじひろ》作）が完成したのが明治二十六年（一八九三）、その四年後には高村光雲《たかむらこううん》の西郷隆盛《さいごうたかもり》像が上野で除幕式を迎え、さらに三年たった明治三十三年（一九〇〇）には、同じ手により楠木正成《くすのきまさしげ》像も出現した。歴代天皇についても、日露戦争がはじまった明治三十七年（一九〇四）には福岡の東公園に亀山上皇《かめやまじょうこう》の像（山崎朝雲《やまざきちょううん》作）が聳《そび》え立った。また明治から大正へと移り変わったこの年（一九一二年）三月の上野では、大熊作の小松宮彰仁親王《こまつのみやあきひとしんのう》像がお披露目された。記念像の時代は日本にも訪れていた。

銅像は不可

だが一方で銅像はすこぶる評判が悪いものでもあった。明治天皇の死の直後に見られる銅像への言及は、否定的な立場のものが圧倒的であった。いわく、銅像は見世物的。いわく、作者の技量面で見るに耐えない。「今日見渡す各地に存立する銅像の如き、少《すこし》も故人を追慕するの情を起こさしめず。雨露に晒《さら》さるゝを何となく心細く思はれ、取除く方可《か》なりとさへ思はしむるものあり」というのは、大隈重信《おおくましげのぶ》元首相（『報知新聞』八月八日。図9）。また神戸の湊川《みなとがわ》にあった伊藤博文像が、明治三十八年（一九〇五）、日露講和条約に反対する民衆によって引き摺りまわされた記憶なども、影響しているかもしれない（『新修神戸市史』歴史編四、一九九四年）。

そうはいっても、「明治天皇の銅像を！」への批判は闇雲《やみくも》になされたわけではない。いくつか理由も挙がっていた。まずは西洋の銅像に対し、日本には日本のやり方があるというもの。神社がそれに当たるというわけだ。また元勲《げんくん》などならともかく、天皇の銅像はどうかとするもの。なかには臣下ですら靖国神社へ祀られているではないか、として神社を可とするものもあった。ある投書はこう述べる。我国の神社は「西洋の銅像に相当して、然《しか》も銅像よりは崇高なるものである。臣下中の偉人で記念碑を建てただけで満足出来ぬもの丶為には銅像を建てるもよからうが、明治大帝の御為《おんため》には宜《よろ》しく大なる神社を建て奉るべく、銅像など建て奉るべきではない」（『東京朝日新聞』八月五日）。神宮は、記念碑や銅像といった記念物の類では代用することのできないなにものかを帯びており、それ故にこそ、銅像などでは不十分、「神宮を！」となる。

図９　早稲田大学の大隈重信像
（朝倉文夫作．昭和７年）
（早稲田大学広報室提供）

二十世紀の新たな学問である宗教学は、こうした心理についても関心を抱いた。姉崎正治とともに創成期の宗教学を牽引した加藤玄智《かとうげんち》は、明治天皇を生前から祀る行為――加藤はこれを生祠《せいし》と呼んでいる――を研究することで、その点へ分け入ろうと試みた。そして聞き取り調査から、「碑丈《だけ》ではどうしても満足が出来ず」に生祠が設けられたことを聞き出す。「記念碑の上に、更に加ふるに、明治昭憲両陛下の御生祠を建設したと云ふ処《ところ》に、生祠即ち神社と記念碑との別も明らかに知られる」（『本邦生祠の研究』明治聖徳記念学会、一九三一年）。これが、銅像や記念碑では不十分として「神宮を！」という、明治天皇の死の直後から展開された主張と、まさに重なる事例への探求であることは明らかだろう。ここでも、碑や銅像では満たされないなにものかを有しているからこそ、「生祠即ち神社を！」という心理があると説明されている。

つまりこういうことだ。確かに神宮という形態は、記念事業の海のなかからすくい上げられ、それらと競合するものではあった。しかし記念碑や記念像などとは「差」があり、それら以上のなにものかを持っていると考えられていたことで、神宮は、凡百の記念事業に屹立《きつりつ》する。神宮は単なる記念事業ではないという論理が説得力を持つことによって、明治神宮は、記念事業の海に沈没することなく、それらとは別格のものとして浮上することができた。

銅像でないから不可

ところがそれは同時に批判の論拠ともなり得た。神社と記念との「差」について、加藤玄智は、神霊を想定しているか否かであるとする。そうした記念以上のなにものかを帯びた神社への態度を表す言葉として、明治時代には崇敬という語が使われ、これは信仰と異なるものとされてきた。だが加藤玄智はそれを宗教の類型論に照らして考察を加えている。これは前節で記したように、宗教学に由来する拡張された宗教概念からするものであり、いうなれば、記念以上のなにものかへの態度を信仰の一種と捉える見方である。そしてこれによるとき、神社の有する記念以上のなにものかとは、宗教的なものとなる。東北帝国大学総長・沢柳《さわやなぎ》政《まさ》太郎《たろう》は次のように言う。

日本の神社は偉人を崇敬追慕するものであるが、純然たる崇敬追慕の為めの神社としても、一面に宗教的意味が混じつて来る。若《も》し此《こ》の意味がないとすれば、其処《そこ》で神社も銅像も形の変はつた丈《だけ》である。其処で神社に宗教的意味が加はつて来ると、異教者からどう思ふであらう。（『東京朝日新聞』八月九日）

「異教者」の存在を指摘し、彼らの心情へと注意を促すことで、神社建設の再考を求める論である。沢柳総長の言う通り、実際に「神宮を！」へ批判的な主張は少なからぬ数なされていた。

一基督者《キリスト》と名乗る人物は、「先帝の御為め神社を建て、礼拝するといふことは無意味です、尊敬と礼拝とは別事です。神社として総《すべ》ての宗教者に礼拝を強ひるのは決して先帝を尊敬する所以《ゆえん》ではありません」と投書している。また日本基督教会に属し、のちに日本基督会の創立者として知られることとなる尾島真治も、「神社建設には宗教的意味が含まれる様だから、政府で造つては宜《よろ》しくない。国民は神道家計《ばか》りでなく、無宗教家も基督教信徒も仏者もあると云《い》ふ事を思はねばならぬ」と、述べている（『東京朝日新聞』八月十二日）。

牛込の一愛読女は、「此後領土は増し、人種のいろいろなのが日本臣民となつた未来に、大日本開国の祖は、昔（未来より見て）の人間の手で造つた小さな宮で、神官が祭文をよむ時でなければ、彼等の感謝を受けられぬとなつたら、随分だと思ひます」との意見を投じている（『東京朝日新聞』八月八日）。これなど、いわば神社は「帝国化」に相応しくないという主張であるが、時間と空間を拡張させることで「異教徒」を想像し、それによって神宮建設の問題点を浮かび上がらせようという構図にかわりはない。

すなわち記念以上のなにものかを帯びていることにより、数多い記念事業から超越することのできた神宮は、まさにその同じなにものかを宗教とする見方によって、批判を受ける。それは国家による特定の宗教への肩入れであり、神道家による天皇の独占である、と。

次官まで務めた沢柳のような大物文部官僚から牛込の一愛読女まで、いろいろなところでこうした声が上っていた以上、神宮建設推進派のすぐそばに反対論者がいてもおかしくはない。阪谷芳郎市長の手足となって「神宮を東京へ！」の実現へと邁進していく東京市役所のナンバー2・田川大吉郎助役は、銅像建設を提案することで、神宮の建設へは反対であるという意思表示を行っていたという（遠藤興一『田川大吉郎に関する基礎研究』一九九九年）。このキリスト者助役の苦悩は、ひとまず彼が助役を辞する大正三年（一九一四）十月まで、続くこととなる。

明治神宮なんていらない

このように誰も彼もが「神宮を！」に賛成していたわけではなく、さまざまな形で批判や異議が示されていた。

ただしこうした議論をさらに研《と》ぎ澄ましていくのは難しかった。それは「神社建設に何がなケチを付けて中止せしめようとする奴共は基督教徒だ」といった罵言《ばげん》を浴びたためばかりではない（『東京朝日新聞』八月十七日）。特定の宗教への肩入れとして、信教自由という原理を用いながら政府による神社建設を批判しようにも、まず前節で述べたように、政府の公式見解において神社は宗教ではなかった。また特定の宗教へ肩入れしないという政府の方針は、この年の三月に行われた三教会同などで、原敬内相をはじめとした政府首脳も謳《うた》っていたが、その制度化の見通しはいっこうに立っていなかった。その前に、神社を政府がつくるのかどうかからしてまだ決まっておらず、その段階でできる批判はもともと限られていた。また神社建設には宗教的意味を含むとして、それを特定の信仰から否とする議論と、それに対する反論の応酬は、あたかも宗教間対立のごとき様相を呈し、主張への支持を拡大するという点で、少なからぬ障害となった。

だが「神宮を！」への批判を難しくした最大の要因はそうしたところにはない。それは明治天皇を祀る神宮創建の計画を否定しようとする人びとにおいてすら、明治天皇を記念するという行為そのものは否定していなかったことにあった。

記念か神宮か　記念も神宮も

「神宮を！」への批判のうちもっとも有名なのが、石橋湛山《いしばしたんざん》のものであろう。湛山はときに二十八歳、東洋経済新報社記者。首相となるのは約半世紀先のこと。

偉大なる先帝を記念し奉るの心事には吾輩満幅の賛意を表するが、その記念の方法として神宮建設が果して適当であるか何《ど》うかは甚だ疑問である。吾輩の見る所では斯《か》くの如《ごと》きは極めて旧式の方法であつて、迚《とて》も之《これ》に由《よ》つて文明の進歩せる今日の人心を表象し得ない。（「思慮なき国民」『東洋時論』大正元年九月号）

明治天皇を記念することへ賛意を表し、しかし神宮では「文明化」に相応《ふさわ》しくないとする石橋は、論理の展開上、当然のことながら対案を提示する。ノーベル賞をモデルとした明治賞金の創設がそれである（「何ぞ世界人心の奥底に明治神宮を建てざる」『社会』八月十五日号）。

対案の提出は、記念事業を肯定し、神宮を否とする者にとって、誠実かつ責任ある態度といえるだろう。沢柳政太郎も前に引いた危惧に続けて、「先帝の聖徳を記念するには何うしても一度建てたら固定せず進歩発達する性質のものにしたならば宜いと思ふ」として「一大美術館」を提唱する。聖徳記念美術館というところだろう。田川大吉郎が銅像を提案していたことはすでに記した。また神宮反対について検討をした基督教同志会も、「表敬記念方法」について研究をしている（「表敬記念方法研究」『東京朝日新聞』八月二十六日）。

しかし対案を提示することは、必ずしも神宮の否定へとはつながらなかった。

神宮を記念物と見ることを断固拒否した黒板勝美は、先の談話をこう続けている。「それでは記念物はもうよいかといふに、記念物も造つて欲しい。崇《あが》め祀《まつ》る処が明治神宮なれば、此方《こちら》は明治博物館で結構である」。黒板にとって、記念物では神宮の代用とはならなかった。だがそれは記念物が不要であるということでもなく、神宮も記念物もと、求められていく。「神宮か記念か」ではなく、「神宮も記念も」という方式がありえたのだ。

仮に神宮などいらないと考え、しかし美術館は欲しいと感じる人物がいたとしよう。その人に美術館は神宮と一緒につくりましょうと言ってみたとき、どう答えるだろう。神宮は大目に見ようと判断すれば、その人物の主張はもはや神宮への批判とはならない。またもし美術館が無理となってもあくまで神宮を不可とするならば、その場合、どこまでも神宮に具わっているとされた記念以上のなにものかについて、批判し続けるしかない。だがすでに見た通り、そこでの批判は難しかった。記念と神宮との「差」によって生じた「神宮を！」への批判は、記念と神宮との重なりによって困難なものとなる。そしてその重なりについての対案を取り込むことで、神宮はかえって支持を膨《ふく》らましていく。

宮城と天皇陵と明治神宮

しかも「神宮も記念も」という方式を思いつきさえすれば、いままで批判に晒《さら》されていた神宮の特質は、一転して強みとなる。

神宮は単なる記念にとどまらないなにものかを帯びているという論理に説得力があった以上、神宮は数多く編み出される記念事業から超越しやすく、さらにいうと、それらを統合する象徴のような位置すら占めることができるかもしれない。記念事業をいくつも付き従えることができ、しかもそれが相応しい役割であるとすら考えられていくかもしれない。そして実際に銅像では務まらないそうした役割を、神宮は引き受けていくこととなる。

このように見てくるとき、次の議論は実に興味深い。本郷の一民氏はいう、天皇陵と明治神宮との二途に費用を分かつよりも、「桃山御陵を永遠に明治天皇の御陵として遺憾なく伝へらる、様に十分にして貰《もら》ひたい」、と。さらにいう、「宮城《きゅうじょう》を明治天皇の神宮と心得、今上天皇は明治天皇と共に一体にましますと心得」よ、と（『東京朝日新聞』八月二十日）。まずこの筆者は記念を言わない。もちろん対案も出さない。もとからつくることの決まっている伏見桃山陵に全力を注ぐべしと明治神宮建設論をかわす。そして宮城（皇居）を明治神宮と思えという。明治神宮と宮城とはいかなる関係にあるのか、あるいは大正天皇の在位する時代に「都」へ明治天皇を祀るとはいかなることなのか――そういった疑問を、この議論は突きつける。あたかも大正天皇では不満なのかと問いかけるように。これこそ明治神宮の創建に対するもっとも鋭い内在的な批判であったかもしれない。

この節の最後で、明治天皇の銅像について触れておくのも、無駄ではあるまい。

明治天皇の銅像

評判が芳しいとは言い難い銅像ではあったが、明治天皇をモデルとしたものもいく種類かつくられた。新聞には「明治天皇御尊像」の広告が見受けられる。高村光雲の高弟・加《か》藤景雲《とうけいうん》の作で、金二円、高尺三寸、幅尺五分。箱代二十銭、小包二十四銭とあるから、通信販売ということになるだろう。同じ作者の手になる「乃木大将半身像」と一緒に売られている（図10）。宣伝文句はこうだ。「各学校は勿論《もちろん》、国民毎家《まいか》必らず之れを備へて以て日夕御聖徳を欽仰《きんぎょう》せよ」。もっとも「明治天皇御尊像」の方には、小さな字で「青銅鍍金《ときん》額

図10　「明治天皇御尊像」の新聞広告(『東京朝日新聞』大正元年9月21日)

面仕立」とあるから、むしろ肖像画のような形状かもしれないが、現物未見のため確定できないのが残念である。

計画倒れでなくしかと完成し、素性も確かな銅像もいくつかある。たとえば亀山上皇像で知られる山崎朝雲は、大正二年（一九一三）六月に「明治天皇御束帯《そくたい》銅像」を制作し、宮中へ献上している（『山崎朝雲資料集』福岡市美術館、一九八七年）。しかしより興味深いのが、明治天皇が亡くなった年の八月、宮内大臣をつとめたことのある田中光顕《たなかみつあき》が進言してつくられた作品である。

当代切っての彫塑家のひとり渡辺長男《わたなべおさお》に委嘱されたこの作品のためには、制作場として宮中・牡丹《ぼたん》の間が貸与されただけでなく、昭憲皇太后より明治天皇の写真が下付されるなど、皇太后宮職《こうたいごうぐうしょく》と侍従職《じじゅうしょく》が協力し、多大な便宜がはかられた。完成品は大正四年（一九一五）十月三十日に田中光顕を介して宮中へと奉献された。大元帥《だいげんすい》としての正装、すなわち軍装で直立する像である（『明治天皇の御肖像』明治神宮、一九九八年）。なお、渡辺長男は、同じく彫塑家で大隈重信像の作者でもある朝倉文夫《あさくらふみお》の実兄。

また少し先走った話となるが、明治神宮の外苑に絵画館が設けられることになると、その内部についても計画が立てられた。当初の案では、絵画のほか、明治天皇と昭憲皇太后の像が下付され、据えられる予定であった。おそらく渡辺長男の作品などが想定されてい

図11　茨城県大洗町「幕末と明治の博物館」の明治天皇像
田中光顕が寄贈した等身大のもの。渡辺長男作。

たのだろう。まさに「神宮も記念像も」となるはずだった。だが結局のところ、下付はしないとのこととなり、絵画館には銅像が置かれず、そのための空間だけが残されることとなる。入ってすぐの広間にあるドーム直下のぽっかりとあいた空間がそれである（「外苑将来の希望」『明治神宮外苑誌』一九三七年など）。

ところで型によって制作される銅像は、ひとつだけ鋳造されるとは限らない。現にこの明治天皇像も、宮中へ献上されたもののほか、田中も個人で所有するなど、数体はつくられたようだ（図11）。そのうちの一体は実に波乱の運命をたどった。

大正の末年ごろ、どういうわけか大連《だいれん》の南満州鉄道株式会社の総裁室に安置されたその一体は、昭和に入って大連神社が境内地を拡張し、新たに明治天皇を合祀した縁で、神社へと奉納された（『大連神社八十年史』一九八七年）。だが敗戦とソ連軍の進駐によって、ついには神社も明け渡さねばならなくなる。そうしたなか、一五貫目（六〇キログラム弱）にも及んだ天皇像を、神体であるとごまかすなど、並々ならぬ苦労の末、なんとか日本へと持ち帰ったこと、その際に銅像が軍装であったことがいかに困難を惹き起こしたかなどについては、大連神社の神職であった水野久直『明治天皇御尊像奉遷記』（赤間神宮社務所、一九六六年）の精彩に富んだ記述へ直《じか》に当たられたい。

しかしこの数奇な星のもとに生まれた像が落ち着くには、もうしばらく時間が必要だった。福岡の筥崎宮《はこざきぐう》、下関の赤間神宮を経て、昭和四十一年（一九六六）になって、おそらく終《つい》の棲家《すみか》へとようやくたどり着いた。それがほかならぬ明治神宮であったのは、当然の帰還というべきなのかどうか。

外苑の出現

「神宮を東京へ！」という運動には、「神宮を」についても、「東京へ」についても、さまざまな批判があった。阪谷芳郎や渋沢栄一をはじめとした運動の主導者たちは、それらに耳を傾け、そうした声をも取り込んだ画期的なアイデアを産み出していく。明治神宮が具体的な姿を現しはじめる。

「覚書」の登場

八月九日、各団体連合の協議会が東京商業会議所で行われた。その下準備は、渋沢・阪谷・近藤廉平・中野武営《ぶえい》による七日の会合でなされていた（『阪谷芳郎東京市長日記』）。東京市長と経済人三名。この面々が運動の中核と見てよかろう。

ただある意味でこれは際立って偏《かたよ》りのある集団ともいえる。政治関係者の比率も低いが、いるだけましで、たとえば、メディアにおいて「神宮を！」の盛り上げに大きく寄与した学者たち、あるいは神社の専門家ともいうべき神職たちはその姿すらない。しかし、実業家だけが、明治天皇を記念したり祀ったりしたいという意欲が人一倍強かったとは考えにくく、経済人の突出は、彼らの実行力と、それを可能にするネットワークのなせるものと言うべきだろう。それでもなお彼らはなぜそこまで熱心だったのかという疑問は残るかもしれない。そこになんらかの「魂胆《こんたん》」を見出したい方のために、『原敬日記』より引いておこう。「中野等は市況挽回《ばんかい》の為め、諭告にても出してくれよと安楽《あんらく》〔兼道・警視総監〕まで申出たる由」（八月一日）。阪谷市長も同じことを憂えていた。「阪谷市長来訪。（中略）御大喪中人気沈滞、随て不景気に付き、相当の手段を取りくれよと云ふ」（八月二日）。明治天皇の不予《ふよ》と死がもたらした不景気を、なんとかしなくてはという考えを持っていたことは、どうやら確からしい。いずれにしろ、少なくとも初発の段階において、「神宮を東京へ！」という運動は、間違いなく民間の経済人主導によるものであった。

さて九日の連合協議会ではまず渋沢を座長に選んだ。渋沢が涙ながらの経過報告をしたのち、渋沢・阪谷・近藤・中野の四名のほか、区会議長・市選出代議士・市会議員・府会議員から一名ずつ委員を出し、以後は委員が主に取り計らうことに決した。東京の各レベルにおける政治の代表者を網羅することで、運動の主体が東京を代表しているものであるとの体裁を確保しようとしたのである。新委員は選出母体順に柿沼谷蔵・関直彦《せきなおひこ》・江間俊一《えましゅんいち》・杉原栄三郎《すぎはらえいざぶろう》（「明治神宮奉建の議」『竜門雑誌』第二九一号）。このうち柿沼は御陵を是非とも関東へお留め申したいと渋沢のもとへ駆け込んだ人物。関直彦は新聞記者出身の代議士。のちに議会での運動でも中心的役割を果たすことになる。

次いで十二日に商業会議所で委員会が開かれ、具体的な案については阪谷・中野の二人に一任することが決まった。「覚書」と名付けられた具体案はすぐに出来上がり、十四日の委員会、十六日の区会議長の会合などを経て、二十日の連合協議会で異議なく可決された（「明治神宮奉建協議の経過」『竜門雑誌』第二九二号）。ここに東京の運動は、実現を目指す具体案を持つことになる。

神宮＝内苑＋外苑

さてその「覚書」はどのようなものだったのか。とりあえず冒頭から引用していってみよう。

神宮は内苑外苑の地域を定め、内苑は国費を以て、外苑は献費を以て、御造営の事に定められ度候《たくそうろう》。

神宮内苑は代々木御料地、外苑は青山旧練兵場を以て、最も適当の地と相し候。但し内苑外苑間の道路は外苑の範囲に属するものとす。

外苑内へは、頌徳《しょうとく》紀念の宮殿及ひ臣民の功績を表彰すべき陳列館、其他《そのた》林泉等の設備を施し度候。

以上の方針定つて後、諸般の設計及び経費の予算を調製し、爰《ここ》に奉賛会を組織し、献費取纏《とりまと》めの順序を立て度候。

国費及び献費の区別、及び神苑御造営の方針は、速に決定せられ、其《その》国費に関する予算は、政府より帝国議会へ提出せらるゝ事に致《いたし》度候。


箇条書きはもうしばらく続くが、ここまでにしておこう。要するに、
①神宮は内苑と外苑とからなる。
②内苑は国費によって国が、外苑は献費によって奉賛会が造営する。
③内苑には代々木御料地（正式には南豊島御料地）、外苑には青山練兵場を最適とする。
④外苑には記念宮殿・陳列館・林泉等を建設する。
以上が、「覚書」の骨子である。なお二十四日の委員会で、③に関して、代々木と青山以外の場所についても、参考として「覚書」とともに提出することとなった。

さてこの「覚書」の構想は、一読してすぐ分かるように、実際に完成した明治神宮を見事なまでに先取りしている。①〜④のうち、外苑の建造物などに若干の狂いがあるものの、ほかはすべて実現している。内苑は確かに代々木御料地へ国費でつくられたし、外苑は明治神宮奉賛会が国民から集めた寄付金によって、青山練兵場跡地につくられた。むしろ明

治神宮がこの「覚書」にしたがって出現したというべきかもしれない。明治天皇の死から二十日経ったかどうかというところでこの案が可決されたこと、そしてそれよりもさらに十日近く前にはこの案がすでに登場していたことを思うと、驚異的ですらある。「覚書」は明治神宮の出現においてもっとも重要な文書であり、この登場によって、神宮ははじめて命を吹き込まれた。

そしてこの構想のなにより卓抜なのは、①の内苑－外苑という形式を編み出したところにある。②以下のすべても、この形式があってのものなのだから。

内苑－外苑、内宮－外宮

いまでこそ内苑や外苑という言葉は辞書にも載る普通の語となっているが、大正の初年には必ずしも熟した語でなかったようで、国語辞典などには項目として挙がっていない。また使われるにしても、それはもっぱら宮城、すなわち皇居に限ってのことだった。

宮内省に内苑局が置かれたのが明治三十七年（一九〇四）二月。ここでの内苑が外苑と一対であることは官制上からも明らかで、この時点での外苑は、従来は「離宮・庭園」といってきたものを言い換えたものであった（宮内省達甲第三号・甲第四号）。浜離宮や箱根離宮などが念頭にあったと見てよかろう。ただし明治四十年の宮内省官制の大改正で外苑の文字は消え、内苑だけが内苑寮として残る。そして外苑は、次第に内苑のある宮城に連なる空間、すなわち宮城外苑ないし宮城前外苑という形で、より狭い特定の空間を指すようになっていく。もっともその場所も、一般には宮城前広場と呼ばれることが多く、人口に膾炙《かいしや》していたとまでは言いがたい（前島康彦『皇居外苑』郷学舎、一九八一年）。しかし明治天皇を祀ろうという神社を構想するにあたり、この宮城における内苑‐外苑が想起されなかったとは考えがたい。内苑‐外苑の源流のひとつが宮城にあることは間違いなかろう。
ところが明治神宮の内苑と外苑については、ときに内宮苑や外宮苑といった言葉で報道されたりしてもいる。このことなどから、今回の内苑‐外苑が計画され、そして理解されていくにあたって、伊勢神宮の内宮‐外宮が念頭にあったことも窺《うかが》われよう。

神社の敷地を神苑と捉え、敷地やその一角に花樹を植え、池を築き、川を流すといった細工を施すことは、おおよそ明治中期ごろからの流行であった。小川治兵衛《おがわじへえ》による平安神宮の神苑などが代表的な作品と言えるだろう。神社の神苑化ともいうべきこうした現象を主導したのもまた伊勢神宮であり、伊勢では、清浄なる神苑の確保を目指し、明治十九年（一八八六）に神苑会が組織されている。また同会は、片山東熊《かたやまとうくま》が設計したことで知られる神宮徴古館《ちようこかん》という博物館も企画している（『神苑会史料』一九一一年）。明治神宮はこうした流行を最大の規模で展開したものでもあった。

また「覚書」の内苑‐外苑という計画では、代々木と青山という連絡道路が必要となる二つの離れた土地を、内－外と呼び分けている。内－外についての一般的な語感からするとやや不思議なこの使い方が受け容れられていったのも、内宮－外宮の効果と言えないこともない。これらに限らず、明治神宮を構想するにあたり、伊勢神宮がしばしば参照されることは、このあともたびたび目にすることになろう。

しかし内宮－外宮と内苑－外苑とは別のものである。

「覚書」の計画が細密とは言い難いため、判断しかねるところもあることはある。だが、神社に相応《ふさわ》しい施設を外苑へと備える様子のないことは確かだろう。いかに多くの箇所で伊勢神宮をモデルにしていたとはいえ、明治神宮は決定的な点で新しかった。外宮を踏襲するのでなく、外苑を「発明」した点で。神社のなかに苑をつくるのでも、神社を苑とするのでもなく、神社と苑とをつくり、しかもその苑をも神社の部分であるとする点で。そしてその苑を、いわゆる和風の庭園にとどめず、ほとんど公園と言われるようなものへとする点で。

外苑がないのなら、そもそも内苑と称する必要などない。神苑で十分だ。公園と見紛うような外苑を「発明」したから内苑があるのであり、その逆ではない。内苑－外苑の形式の本当に卓越したのは外苑というアイデアにある。普通には神社とは言い難い諸施設を、外苑なる空間を設定し、そこへつくってしまおうというアイデアにあった。

記念の空間としての外苑

そしてここまで見てくれば、もうお分かりだろう。外苑は記念のために設けられる空間なのである。明治天皇の死にともなって数々の案が出された記念事業を実行する場なのである。完成した外苑の諸施設に、聖徳記念絵画館や憲法記念館（現在は明治記念館）と、記念の文字を含むものがいくつもあるのは、なんら偶然ではなく、故《ゆえ》あることなのだ。

外苑を「発明」したことで、「神宮も記念物も」という、欲張りであるとともに、神宮建設への批判にも対応した計画が実現可能となる。しかも記念物が並ぶ外苑も神宮の一部であるとすることで、単なる記念にはとどまらない神宮は、記念事業をいくつも付き従え、しかもそれらを統合する役割をも担うことになる。

さらにこの外苑の具体的計画を「林泉等」と後日へと委ねたことで、神宮は、明治天皇の記念に関するほとんどの案――なかには建設へ批判的な立場からのものもある――を味方につけることにもなる。記念事業を実施したいのなら、別個に追求するよりも、神宮と一緒にこの公園のような空間のなかへつくろうという方が有利なのではとの判断が、働いていったためである。内苑‐外苑という形式の効果たるや、実に偉大であった。

明治神宮はただ新しいからモダンなのではない。そんな神社はいくらもある。それは新たな形式を生み出したからこそ、モダンなのだ。明治神宮は、ほとんど「先例」すらないなか、むしろ今後の「先例」となる「新例」を編み出した。それは神社と記念との関係というねじれた紐《ひも》を、神社を軸にして解きほぐし、編み上げた作品だった。

そして実際にこれ以降、ほかの施設へも外苑が広がっていく。奈良にある橿原《かしはら》神宮では、紀元二千六百年（昭和十五年にあたる）を記念して、外苑造営事業が行われた。また明治神宮に程近い宮城では、同じころ、同じことを記念して宮城外苑整備事業が行われ、従来の面目を一新した。

だがそもそも好きなように神社を計画してくださいといわれたとして、わざわざ内苑と外苑でいこうなどと考えつくものだろうか？　現在でもほとんどあり得そうにない。まして「先例」の乏しい大正初年ならなおさらそうだろう。ではどうしてそういうことになったのだろうか？

神宮はいかにあるべきか

明治神宮をつくるという案をめぐっては、少なからぬ反対があった。その一方で、同じく明治神宮造営を主張する者の内部でも、意見の相違があった。いまだ存在しない神宮についての希望である。各自がてんでに好きな絵を描くのが、当然と言えば当然だろう。

たとえば元首相の大隈重信は、青山に神宮を建設し、かつそこを「一大公園地」となすことを主張していた（「必ず御宮を造営せよ」『報知新聞』八月三日）。どことなく「覚書」に似通っているように思われるかもしれない。しかしこれには神社関係者のみならず、公園の専門家からも批判があった。近代公園の先駆者といった評価のなされている祖庭《そてい》・長岡《ながおか》安平《やすべい》は、公園に神社を祀るべからず、と勧告する。「時間と場所に依りては恋愛思想の醜行地」ともいうべき公園と神社とでは性質が異なり、両立しないというのだ（『東京朝日新聞』八月七日）。醜行云々では分からぬという方は、以下の記事をご覧あれ。「夜の日比谷《ひびや》公園は全く堕落男女の野合場」「毎夜十数名の密行巡査を派して厳重に取締り」（『読売新聞』明治四十一年七月十一日）。

公園の現状を知る専門家によるこうした批判に応えるには、両立しない神社と公園とを分けて、別々につくればよい。このように、二つの空間からなる神宮という構想は、公園のような空間を設けて記念事業を展開したいという立場で、しかもその点についてのさまざまな異見に耳を傾けようとすれば、ある程度まで自ずと思い浮んでくるものと見ることもできる。そして内苑‐外苑という形式が出て（「覚書」の①）、外苑につくるものも思い描ければ（④）、「東京へ！」を批判して国の事業にせよという見解にも配慮すると、国費と献金とを内苑と外苑とに割り振る案も出てくるかもしれない（②）。するとそれらに最適な地として、代々木と青山とが選ばれたということになってこよう（③）。「覚書」成立の道順をこのように理解することもできる。

ただこれだと、なぜ代々木と青山が選ばれるのか（③）、説明しづらい。この二つは距離が離れていて、しかも土地の性格が異なる。片や御料地という皇室の所有地、片やもと練兵場という国有地。そうした二つの土地に、ひとつの神宮をつくろうというためには、かなりの想像力が必要となるはずで、それを可能にしたのはなにかという疑問が依然として残る。

「覚書」は八月十二日の委員会で阪谷芳郎・中野武営に一任され、両名は同日午後に渋沢栄一を交えて市役所にて会合を持った。そして二日後には早くも形になっている。さて阪谷の日記には、委員でないにもかかわらず午前中の委員会へと出席し、「覚書」について協議したであろう三頭会談にも同席した人物の名前が記されている。その人の名は角田《つのだ》真平《しんぺい》。そして渋沢が「弁護士の角田真平氏が頻りに骨をおって」とのちのち回顧している（『雨夜譚談話筆記』）。さらに当時の新聞ではこう報道されている。

元来青山及び代々木の敷地設計は、阪谷中野両氏の起案なるが如く報告されたるも、実は角田真平氏の立案に成るものにて、氏は曩《さ》きに市区改正局長として博覧会委員となり、右両地の関係を詳知し居り、博覧会予定敷地を其儘《そのまま》内苑外苑の敷地に充《あ》てたるものにて……（『報知新聞』八月二十二日）

記事にしたがって「立案」とまでいうほどの史料はない。しかしながら元代議士にして俳人、東京大学総合図書館が所蔵する俳書の一大コレクション・竹冷《ちくれい》文庫でも知られる竹冷・角田真平が、立案とまで言うかはともかく、ある程度関与していたのはどうやら間違いなさそうだ。しかも博覧会の予定地をそのまま内苑・外苑に充てたなどという聞き捨てならない解説までついている。こうなると、どうしても博覧会との関係を論じなくてはならなくなる。

博覧会からの転身

ここでいう博覧会とは日本大博覧会のこと。第一次西園寺内閣の明治四十年（一九〇七）、五年後を期して計画され、次の第二次桂内閣のもとで明治五十年＝一九一七年へと延期されたが、続く第二次西園寺内閣により、明治四十五年、すなわちこの年の三月、財政の状況に鑑《かんが》みて中止された（古川隆久『皇紀・万博・オリンピック』中央公論社、一九九八年）。

経費一〇〇〇万円。万国博覧会と内国博覧会の中間に位置する大博覧会と計画され、そのため開催地は頗《すこぶ》る慎重に選定されることとなった（国立公文書館蔵『公文類聚』類一〇二〇）。そして大蔵・農商務の両省で「敷地に付き篤《とく》と調査を遂ぐる処、代々木の御料地を借用し、之《これ》を青山練兵場と連絡して、此《こ》の一帯の地を敷地に充用するを最も適当と認む」とされ、閣議でも認められた（『公文類聚』類一〇三五）。つまり日本大博覧会の会場は確かに代々木御料地と青山練兵場とが予定されていた。のみならず、敷地の借用や所管換え、さらには周辺の土地の買収へも着手されていた。中止となった日本大博覧会の予定地が神宮へと生まれ変わったということは、間違いなく正しい。

前にも触れたように、代々木御料地と青山練兵場とではその土地の性格は大きく異なる。しかし日本大博覧会という「先例」があった以上、少なくともそれに関与した人びとにとって、そうした二つの土地へひとつの神宮をつくろうと思いつくことは、そう困難なことではなかったろう。

外苑と公園

日本大博覧会からの転身は敷地だけにはとどまらない。

博覧会の会場へは次のような施設が計画されていた。「学芸館、美術館、工業館、動物館、水族館、園芸館、式場、奏楽堂……」。明治天皇の死に際して挙げられた記念物のリストであるといっても、十分に通用するのではあるまいか。それもそのはずで、途中から博覧会そのものが明治天皇の即位五十年を記念するものとなっていたし、なにせ融通無碍《ゆうずうむげ》な記念である、当然のことだろう。だが博覧会は、神社や公園などとは違い、期間の限定された一時的なものである。すると期間終了後どうするかということも、これまた考えざるを得ない。跡地利用の問題である。

実はこれについては、明治四十年（一九〇七）十二月という計画のかなり早い段階で、半分ほど決まっていた。東京市が、「博覧会閉会後に於て、市の公園に供し度《た》」いと願い出たのに対し、政府側が許可したのである。なお、半分ほどといったのは、これが青山練兵場会場、つまりのちに明治神宮外苑となる土地のみについてのことだからである。すなわち外苑となった土地は、もともと博覧会会場を経由して、東京市の公園となるはずの土地だったのである。そのために市は少なからぬ負担も請け負っている（『公文類聚』類一〇六三）。

なお博覧会から公園への転用は、特殊な事例ではない。たとえば福岡市にある大濠《おおほり》公園。その名からも分かるように、もともとは城をめぐる堀であった。それをまずは博覧会会場のために埋め立て、次いで公園と宅地へと分割・整備して成立している（内山礼衣の研究による）。付け加えておくと、日本大博覧会でも、博覧会終了後に用地の一部を売却し、財源不足を補填することになっていた（『公文類聚』類一〇三五）。

そして公園になると決まっているなら、博覧会で使用する建物も、仮設である必要はない。恒久的なものをつくり、そのまま転用しようということにもなる。現に「閉会後、其《その》敷地の一部を公園と為し、美術館の建物は、永く之を保存するの目的を以て、特に永久的の建築をなすことに内定」していた。博覧会を開催することで、東京市は美術館を持つこととなるはずだったのである。もっともあまりに堅牢なものを考えすぎたせいか、京都の方から、日本大博覧会の開催にあたって美術館だけは「美術地」である京都に置いてくれとの請願が出されたりしている（国立公文書館蔵『公文雑纂』纂一一八六）。

以上をまとめればこうなるだろう。「覚書」は、日本大博覧会の会場予定地をそのまま明治神宮の敷地としただけでなく、博覧会終了後に計画されていた公園ができる暁《あかつき》にはつくられそうなものを、同じ土地に、ただし外苑という名のもとに、つくろうとした案でもある、と。

もちろんかつての博物館〜公園計画と「覚書」は同じところばかりではない。「覚書」では内苑となる予定の代々木の土地について、博覧会〜公園計画は語るところがないし、一方の青山練兵場の土地についても、いかほど外苑と公園とが似ていたとしても、外苑は公園ではない。神社の一部である。またこちらについては建設にかかわる費用の負担者も違う。公園は東京市のもので、その費用も東京市、ひいては東京市民が背負うことになるのに対し、寄付金で賄われる外苑は、広く国民一般から集められることになるだろう。しかしそれにもかかわらず、外苑を有する明治神宮という「覚書」の計画そのものが、かなりの部分、それも重要な点において、明治天皇を記念する博覧会からの転身であることは疑いようがない。

転身を主導したのが角田真平であるとは断言できない。彼は明治三十九年（一九〇六）十月から東京臨時市区改正局長、そして翌四十年十二月からは日本大博覧会理事官を兼ねている（「角田竹冷」『近代文学研究叢書』十八、昭和女子大学光葉会、一九六二年）。東京の都市計画、さらには博覧会の事務へ通じていたことは間違いない。また先に引用したいくつかの史料や証言も残っている。だがどれも状況証拠にとどまる。

しかし博覧会との連関がかくも明白になったからには、被疑者を特定しないまま、明治神宮は博覧会が変身したものでもあるといったところで、もはやほとんど異論は出ないのではあるまいか。就任したばかりとはいえ、かりにも阪谷は東京市長である。また中野武営も日本大博覧会評議員を務めていた。もちろん渋沢も評議員であった。

明治神宮をわが町へ

明治神宮候補地（上から富士山・箱根・国府台）

明治神宮を誘致せよ

「覚書」の登場は画期的な出来事であった。なにせそれは実際にできあがった明治神宮の大枠をほぼそのまま先取りしていたのだから。よって明治神宮の出現を、この「覚書」が実現していく過程と描いたとしても、あながち誤りとはいえまい。しかし「覚書」は民間における一私案に過ぎない。ほかに案があってもいっこうに構わないし、現に数多く存在した。

続々と名乗りをあげる候補地

そうした案は、ほとんどあるひとつのことだけを主張している。それは明治神宮の位置。神宮をつくろうと思い立った人びとのあいだで、もっとも議論が割れ、最大の争点となったのは、神社の格や規模でも、社殿の様式でもなく、場所の問題であった。

神社に限らず、建造物をつくるという計画には、それを実行する空間がどうしても不可欠となる。建設地、あるいは神社でいえば鎮座地である。その意味で、明治神宮の鎮座地候補は、構想の発生と時を同じくして登場してきたといえるだろう。

渋沢栄一や阪谷芳郎による「覚書」では、内苑‐外苑という独自の発想のもと、内苑に代々木御料地、外苑に旧青山練兵場を最適としており、間違いなく、これが最強の候補地ではあった。しかし「覚書」はそれに続けて、「或《あるい》は区会の決議を以て、或は個人の意見を以て、我が委員会に申出たるもの、其他《そのた》新聞紙上に投書家の意見として顕《あらわ》れたる候補地」を（参考）として掲げている。東京中心との批判を受けていた運動から生まれた「覚書」は、そうでないことを示すためにも、そしてより広い支持を獲得するためにも、その他の候補地を列挙することをあえてしたのだろう。いずれにしろ候補地は続々と名乗りをあげていた。

そこで、この（参考）に挙げられているものをはじめ、現時点で目に付いた限りの候補地を、このほかにもまだ数多くあるかもしれぬことを予想しつつも、とりあえず府県別に掲げておこう（表1、図12）。

さてこうした表を眺める際に忘れてはならないのは、表の諸件が同じ重要性を持っていたのではないという、ごく当たり前のことである。この表では、「覚書」が最適とした

表1　明治神宮候補地一覧

候　補　地	地図	請　願　人	役　職
東京府			
東　京		辻新次	帝国教育会長
代々木御料地	①	渋沢栄一ほか	実業家
青山練兵場	②	肥塚龍ほか	赤坂区会議長
陸軍戸山学校敷地	③	古本崇	牛込区長
陸軍士官学校中央幼年学校地			
上野公園			
駿河台			
目白台			
小石川植物園			
芝三光坂附近			
豊多摩郡和田堀内村大宮			
霞ヶ関			
御獄山	④	根岸多助ほか	青梅町長
多摩川上流			
井の頭御料地			
半蔵門から吹上御苑			
千葉県			
国府台	⑤	中川喜作ほか	市川町会議長
埼玉県			
大　宮			
朝日山	⑥	双木八郎ほか	飯能町長
宝登山	⑦	村田太伊四郎ほか	野上村長
城峯山	⑧	中庭泰五郎ほか	田野沢村長
神奈川県			
箱　根	⑨	松井鐙三郎ほか	箱根町長
横　浜			
静岡県			
富士山	⑩	望月豊太郎ほか	加島村長

茨城県			
筑波山	⑪	酒崎慶太郎ほか	筑波町長
国見山	⑫	平塚滋三	赤心会長

請願人・役職欄に記入のないものは，新聞などに現れたもの。

図12　明治神宮候補地地図

代々木御料地と、たとえば次のような思いつきが、ともに同じ一件なのだから。

上野に勝る場所は見当らぬ。上野は自然の岳《おか》で樹木も中分なく繁茂し、一方に不忍《しのばず》の池を控へ、眺望も亦《また》悪からず。交通の便も頗《すこぶ》るよい。而《しか》して東照宮や清水堂は必然に取払ひ、且《かつ》パノラマの如き見世物は絶対的に禁止すべきものである。さうしたからとて、日本国は寸分の地と雖《いえど》も王地であるから、誰も故障を持出す事は出来まい。(『国民新聞』八月九日)

小生は明治神宮建設候補地として、府下豊多摩《とよたま》郡和田堀内《わだほりうち》村大宮の地を希望致し候《そうろう》。此地《このち》、応神天皇を祭れる郷社有之《これあり》候へば、之を村社熊野社に合祀し、茲《ここ》に国庫支弁にて明治神宮を建て、東京市費にて外苑記念館を造り、維新元勲功臣の略歴を刻みたる記念碑を加へ、維持費を一般の寄附に求め、永遠に渇仰《かつごう》致したく存候。(『国民新聞』八月二十三日)

これらの例などは、その後の活動を知ることができず、いわば候補地として成熟していかない。すなわち候補地といっても多種多様、有体に言えばピンからキリまで存在した。それを承知の上で、ひとまずここでは、これらの土地について、簡単に解説を加えておこう。なお、便宜上、説明には現在の地名を用いる。また①以下の数字は、地図(図12)と対応している。

まずは東京。代々木御料地（①）と青山練兵場（②）の説明は不要だろう。実際に明治神宮となった土地である。陸軍戸山《とやま》学校敷地（③）は、東京都新宿区戸山。戸山公園のあるあたり。「陸軍士官学校・中央幼年学校地」は、いわゆる市ヶ谷《いちがや》台のこと。新宿区市谷本村町、陸上自衛隊市ヶ谷駐屯地のところ。「目白《めじろ》台」は文京区。新江戸川公園から椿山《ちんざん》荘《そう》にかけての区域。「芝三光坂《しばさんこうざか》附近」は港区白金《しろがね》二丁目と四丁目の境。念頭に置かれているのは当時の陸軍火薬庫、現在の国立科学博物館附属自然教育園のあたり。さきほど引用した「豊多摩郡和田堀内村大宮」は杉並区西永福《にしえいふく》の近く、大宮八幡宮や和田堀公園のある一郭。御嶽《みたけ》山（④）は青梅《おうめ》市と奥多摩の境にある標高九二九㍍の山。現在は御岳山と表記している。

東京以外のうち、大宮・横浜・箱根（⑨）・富士山（⑩）・筑波《つくば》山（⑪）はよく知られているし、また国府台《こうのだい》（⑤）・朝日山（⑥）は後述するので、ここでの解説は省略する。宝《ほ》登山《どさん》（⑦）は埼玉県秩父郡長瀞《ながとろ》町と皆野《みなの》町の境にある山。標高四九七㍍。城峯山《じょうみねさん》（⑧）は秩父郡の吉田町・皆野町と児玉郡神泉《かみいずみ》村との境にあり、標高一〇三八㍍。なお、この二つの山の距離は一〇㌔にも満たない。国見山（⑫）は現在の茨城県常陸太田《ひたちおおた》市にある標高二九一㍍の山。

なかには、自宅の近くや思い出の場所を見つけた方もおられるのではなかろうか。そこに明治神宮ができていたかもしれなかった、と、一応はいうことができる。神宮をどこにつくるかは、そもそもそれをつくるのかどうかということと同じく、いまだなにも決まっていなかったのだから。たとえその可能性が極めて小さいものであったとしても。

誘致運動はなぜ起きるのか

こうした多様な候補地の成熟度を測る指標として、運動の有無が考えられる。どこそこへ明治神宮をつくろうという思いつきは、その実現を目指すなんらかの行為があとへと続くことにより、候補地としての相貌を身に着けていく。内閣総理大臣や内務大臣・宮内大臣、あるいは衆議院議長・貴族院議長宛の請願・陳情などが運動の中心となり、メディアの利用なども含まれてくるだろう。そして表1の請願人欄から分かるように、ほとんどの請願が、候補地の「地元」によってなされている。運動は誘致という形をとる。

だが一方で明治神宮をつくるにあたって、誘致運動は一貫して否定されるべきものでもあった。

それはひとつには、そうした運動のなかに、神宮誘致によってその地の繁栄をはかろうとする下心を嗅《か》ぎ取った者による批判があったためである。すなわち運動の背後に、明治天皇を崇敬ないし記念するというもの以外の目的を見出すことで、元来は目的であったはずのものが手段となっている点を衝《つ》く。これは自らが希望するもの以外の候補地を批判するとき、しばしば繰り返された。しかしこうしたもののほか、明治神宮をめぐっては、そもそも運動するということそれ自体を否定的に捉える態度が見られる。

阪谷芳郎とともに「覚書」を任された中野武営はこう発言している。神宮建立は行政上のことではなく、「今上天皇陛下の大御心《おおみこころ》より煥発《（ママ）》せらるるものなれば、決して輿論《よろん》を喚起し、請願して強《し》ひ奉るが如きものに非ず」（『国民新聞』八月四日）。明治神宮をつくると誰が決めるのか。中野は、それを大正天皇とすることで、運動という行為を、大正天皇の決定に影響を与えようとする行為であるとして否定する。明治神宮に関しては、片やこうした運動否定の論理が、常に付き纏《まと》うことになる。この問題が実際にどう処理されたかは、のちほど神社奉祀調査会へ触れる際に検討することにしよう。

しかしながら当の中野は、「覚書」をとりまとめ、有力者を説いてまわる。誘致運動は起き、候補地間に競争が発生した。

前提となるのは、明治神宮の敷地には「正解」がないということである。ここで言う「正解」とは、たとえば、神武天皇をその即位の地へと祀ろうと試みた橿原《かしはら》神宮の計画において、即位の地である畝傍《うねび》橿原宮を特定するようなものを指す。この場合、敷地をどこにすべきかという問題は、畝傍宮はどこにあったのかという「比定」の問題へと置き換えられ、その「正解」が鎮座地ということになる。いくら良い土地が別にあったとしても、そこへつくろうとはならない。すなわちなんらかの方法によって「正解」が導かれさえすれば、敷地をめぐる紛議はおのずから解決する。

ところが明治天皇を祀るべき場所に関して、置き換えられる数式はなく、「正解」もない。だれよりも詳しく事績が知られていた祭神と土地とのあいだに存在するのは、よりもっともらしい候補地のみ。またその際に語られるのは「比定」ではなく、縁《ゆかり》あるいは「由緒」である。極論をいえば、明治神宮はどこへでもつくり得ると考えられていたのであり、そのために候補地が次々と現れる。

ただし候補地がいくつか存在すれば、相互に競合して必ず誘致運動が起きるとは限らない。それらの候補地すべてにおいて神社を実現させるという方法があり得るからである。

すべての候補地に明治神宮を

伊勢の大廟《たいびょう》があつて各地にも亦太神宮《まただいじんぐう》があり、国民は伊勢に詣《もう》でたる心持を以て日々奉拝して居る。横浜に先帝を奉祠《ほうし》し参らせても、何等《なんら》東京の神宮奉建と障《さわ》る処はない。（『横浜貿易新報』九月二十七日）

東京と横浜へつくってよいなら、埼玉や茨城でも同様のはず。「全国到る処に明治天皇の神社が奉建されたとて、些《す》こしも差支ないと信じます」という説へと行き着くだろう（『横浜貿易新報』九月四日）。八幡神や天神をはじめ同一の祭神を祀った神社が各地にある。

明治天皇がそうであってなんの問題があろうか。分祀や分社という考え方によれば、すべての候補地に明治神宮をつくるというのも、荒唐無稽とばかりはいえまい。こういう形での神宮を夢見た候補地は、それこそ無数にあっただろう。

だが、「すべての候補地に明治神宮を！」とでもいうべきこうした手法は採用されなかった。

これはひとつには行政当局である内務省の態度によるだろう。すなわち内務省は、神社を新たに設けることを原則的には認めておらず（明治十九年六月八日内務省訓第三九七号など）、また「内地」においては、天皇を祀る官国幣社は一祭神につき一社ということを方針としていた。そのため、少し先の話になるが、明治神宮内苑完成の翌年（大正十年）、明治神宮の分霊をすべての府県へ祀られたいとの請願が衆議院から送付された際、内務省はその要望を拒んでいる（《公文雑纂》纂一五八七）。また昭和二年（一九二七）に、広島市の比治山《ひじやま》へ明治聖帝記念館とともに「明治神宮分社」の造営をするよう、衆議院が議決したときにも、同省は先の方針を盾に拒否している（《公文雑纂》纂一八三六）。

もちろんこうした原則からは外れる例が現にあり、それらに依拠する形で「すべての候補地に明治神宮を！」という発想は登場してくる。たとえば、官国幣社のなかでも、橿原神宮と宮崎神宮はともに神武天皇を祀っているし、あるいは内務省にしたがって、八幡神を応神天皇とすれば、宇佐《うさ》・石清水《いわしみず》・筥崎《はこざき》・鶴岡《つるがおか》・函館などの八幡宮は同一の天皇を祭神としていることになる。しかし内務省は、すでにある神社とこれからつくろうという神社、あるいは「内地」と「外地」などの二重基準を設けることにより、右に見たような原則主義的態度を固持した。いわば明治神宮を「勝手に」つくることは極めて困難だった。「すべての候補地に明治神宮を！」が実現しなかったことに、当局のこうした意向がまったく関係なかったことはあるまい。

もっとも内務省のこうした方針を、神社の専門家でもない明治神宮提案者が熟知していたとは考えにくく、そもそも同省が本格的に始動するはるか以前に、「すべての候補地に明治神宮を！」という考えは萎《しぼ》んでいた。これは提案者側の事情が大きい。

「雄大」かつ「荘厳」なる神宮

提案者たちが明治神宮という場合、概《おおむ》ね「雄大無比」で「世界に誇るべき」規模のものを思い浮かべ、そのたたずまいは「荘厳」であり「清浄」であるべきだと観念されていた。明治天皇を祀るにはそうした空間こそ相応《ふさわ》しい、と（『報知新聞』八月三日など）。

そしてその際にまず連想されるのは伊勢神宮。たとえば、青山練兵場跡地という候補地について、それを狭いとする基準、あるいは「荘厳」たり得ないとしてより郊外の土地を可とする根拠のいずれもが、伊勢神宮であった（「神々しき御社」『国民新聞』八月五日など）。

そして平安神宮や日光の東照宮などが、反面教師という形で参照される（『国民新聞』八月七日など）。明治神宮はその構想の段階から巨大なものが想像されていたのである。

しかしそのための予算が無限であるとは、提案者たちも考えていなかった。

一見すると無造作に思いつかれたように見える候補地のなかには、国有地ないしそれに類する土地が少なくない。「雄大」かつ「荘厳」であり得るような空間がそれらの土地に多かったということもあるだろう。だがむしろ国有地を無償で借りるという方法により、土地を入手するのにかかる費用を抑え、それによって自らの案の実現可能性を高めようとした面が大きいようだ。さらに日露戦後恐慌（明治四十年）以降、財政難は明確となり、各内閣は行財政整理を行わざるを得ないような状況にあった（神山恒雄『明治経済政策史の研究』塙書房、一九九五年）。日本大博覧会の中止も、そうした一貫であった。民有地の買収を前提とする案は、それだけで否定的に見られていた（『報知新聞』八月十七日など）。また前年に発足した恩賜財団・済生会《さいせいかい》の寄附金募集が、目標額からすると低調であったことなどから、寄附金にしてもどれだけ集まるか、不安視されていた（『報知新聞』八月十三日）。明治天皇を祀る神宮の候補地といえども、それらを踏まえてのものだった。

すなわち明治神宮は「雄大」・「荘厳」であるべきだとされたため、それが予算の制限と合わさり、各候補地は競合関係に置かれることになる。明治神宮の鎮座地には「唯一」の

「正解」がなく、またそれ故に候補地がいくつも存在した。だがそれらが「唯一」の明治神宮として選定を求めた結果、競争的誘致という構図が成立した。明治神宮創建の主張は、否定されたはずの誘致運動によって、盛り立てられていく。

東京へ／東京以外へ

さてこうして発生した誘致運動だが、それらはどこで起きていたのだろうか。もう一度一〇一ページの地図（図12）を振り返ってみよう。するとすぐに気づくのが、明らかな地域的偏りである。

まず候補地の数において東京府が最大である。さらにその分布に関しても、これだけの数の候補地がありながら、東京を中心にした半径一〇〇キロの圏内に収まっている。表1に掲げた以外の候補地がないとは言い切れず、断言することはできない。しかし、候補地はほとんど東京とその周辺に限られていたといって、概ね差し支えなかろう。

「覚書」へと集約されていく阪谷・渋沢らの運動は、もともと「明治天皇陵を東京へ！」という要求を掲げていたものが、天皇陵は京都と内定したことにより、転じて「明治神宮を東京へ！」を要求したものであり、それはメディアを通じて広く知られてもいた。京都の天皇陵に対して東京に神宮をつくろうというアイデアを、阪谷芳郎は「交換問題」にたとえていた。空間的に見れば、「明治神宮を東京へ！」との主張は、神宮というものを創造することにより、明治天皇の生まれた土地である京都と、亡くなった東京とのあいだで、陵と神宮によって棲み分けを行うものであった。とするならば、候補地が東京とその近隣に集中し、関西圏などに存在しないという事実は、こうした交換ないし棲み分けの論理が、ある程度まで支持されていたことを意味すると解されよう。あわせて「明治神宮を東京へ！」への最大の追い風が、天皇陵が京都とされたことにあったこと、そして神宮と陵とが交換可能なものと考えられていたことなども窺える。

そうなると候補地を見ていくにあたって、東京とそれ以外とでいったんは分けて考える必要が出てくる。「明治神宮を東京へ！」という言葉に乗ることのできない候補地たちは、当然のことながら、「明治神宮を東京へ！」とは別に、しかもそれと競合しながら主張を展開していかなくてはならない。それらはどのような論理で、いかなる運動をしていったのか。

ここからは、本格的に誘致運動を試み、また候補地としても一定の評価を得た朝日山を中心に、箱根など適宜ほかの地域をも参照しつつ、その諸相を見ていくことにしたい。

わが町へvs東京へ

朝日山と聞いてピンと来る人はまずいないだろう。現在の普通の地図には載っていないのだから、当然といえば当然である。

明治神宮を朝日山へ

ここでの朝日山は埼玉県入間《いるま》郡飯能《はんのう》町、いまの埼玉県飯能市にあった。過去形となっているわけはのちほど記そう。飯能町大字大河原《おおあざおおかわら》の朝日山一円、約一五万坪が候補地である。

飯能は埼玉県南西部に位置し、東には狭山《さやま》、南には青梅などが控えている。都心からだと五〇キロ余り、現在なら西武池袋線の飯能駅まで池袋から五〇分ほど。いまでこそ典型的なベッドタウンとなっているが、かつての主要産業は林業であり、織物業でも知られていた。朝日山は飯能の中心地、いまの飯能駅から西へ一キロ弱ほどのところにあった。強烈な個性があるわけでもなく、富士山のごとき知名度のあるわけでもない静かな町の小さな山に、なぜ明治神宮なのか。

飯能町では町長が中心となって何度か請願書を作成している。大正二年二月のものや三年一月のものを、写しという形ではあるものの、知ることができる（飯能市立図書館蔵「明治神宮建設請願書写」）。前者に付属している「神宮建設請願委員」・「神宮建設常任委員」には、新旧町長をはじめ町の有力者が文字通り網羅されている。町長の署名の背後には、町を挙げての運動があった。

ところでこの「明治神宮を朝日山へ！」という請願の最大の特徴は、その具体性である。場所はもちろん特定されており、二四〇〇分の一の地図上に石段を含めた予定地が書き込まれているのみならず、断面図を付して、土地の高低まで理解できるよう配慮している。また樹木の種類と数量の調査を行って、その結果まで記す。これほどまでに具体的なものは珍しい（図13）。

本来なら、この朝日山と次元を同じくするのは、代々木御料地であり、戸山学校であって、東京ではないはずだ。それが厳密には候補地をひとつに絞ってすらいない「明治神宮を東京へ！」と争うことになった。またそうならざるを得なかった。このことは、朝日山のみならず、東京以外にある他の候補地についてもいえた。

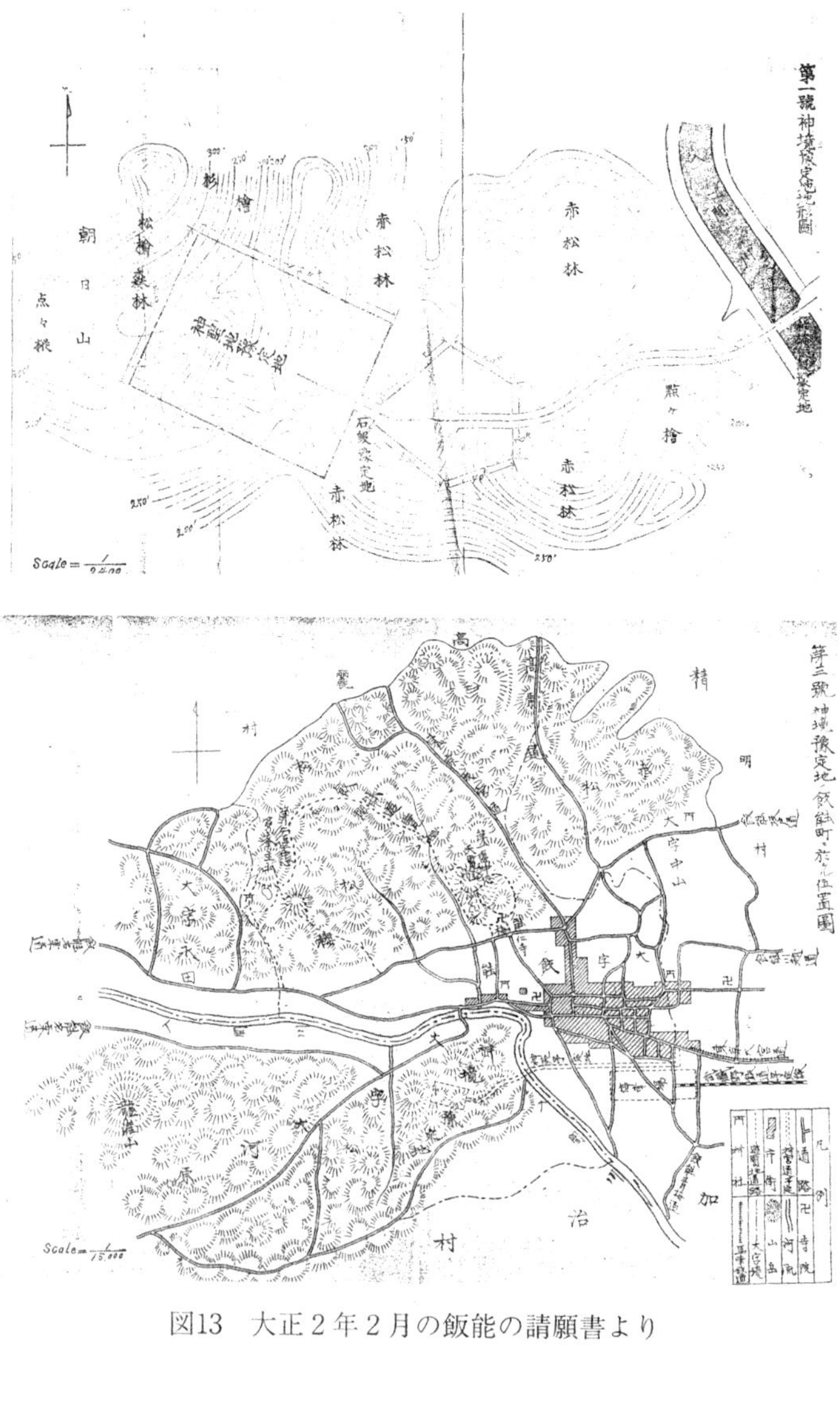

図13　大正２年２月の飯能の請願書より

箱根の位置する足柄下《あしがらしも》郡の諸町村は、離宮附近を候補地に名乗り出た。箱根が神奈川県の南西部、静岡県と境を接する温泉地であることは、改めて説明するまでもなかろう。なお、離宮は明治十九年（一八八六）に竣工している。この箱根が候補地としての運動をはじめてまもなく、『横浜貿易新報』は、「何故《なぜ》中央に運動ヶ間《が》敷《まし》事《き》をする前に、公々然として、県下百万民の前に提訴して、一心共力の誠意ある態度にでないのである」などと、反箱根キャンペーンを張った（八月二十三日～八月二十五日）。横浜を拠点とする神奈川県下最大のメディアは、「明治神宮を東京へ！」を支持していた。箱根の運動を、県を挙げてのものへと盛り上げていくための重要な回路は、はじめから切れていた。

明治神宮を埼玉へ

もっとも箱根離宮附近という候補地そのものは、神奈川県という枠に収まってはいなかった。「明治神宮を箱根へ！」を主張する意見書、すなわち「大行天皇の廟宇《びょうう》建設並に神都選定の請願」（大正元年八月）、あるいは「明治天皇の廟宇建設並に神都選定の請願」（同年十月）の署名人を見ると、神奈川県足柄下郡、とりわけ離宮に近い箱根町や元箱根村が中心となってはいるものの、三島町など隣県である静岡の田方《たがた》・駿東《すんとう》両郡からも村長らが加わっていることが分かる（箱根町立郷土資料館蔵《川井家文書》、《松井家文書》、《三山家文書》）。また請願の紹介議員にも、神奈川県だけではなく静岡県選出代議士が名を列ねていた。いわば神奈川と静岡の両県にまたがった運動だったのである。

似たことは国府台《こうのだい》でも起きている。国府台は、千葉県東葛飾《ひがしかつしか》郡市川町、現在の市川市であるから千葉県の最西部。京成電鉄の国府台駅の近くといって分からなければ、矢切の渡しの千葉県側、あるいは映画『男はつらいよ』のタイトルバックで寅さんが柴又へ帰ってくるときに通る河原があるが、そこから対岸に見える緑のあたりといっておこう。その名の通り、下総国の国衙《こくが》が置かれていた土地であり、鴻の台《こうのだい》と表記されることもある。

「明治神宮を国府台へ！」との請願は、はじめ千葉県市川町会議長後藤弥五郎らによってなされ、次いで形勢が非となってきたという判断のもと、東京府南葛飾郡小岩村村長中川喜作ら南葛飾郡の町村長等連名で再び提出された（《公文雑纂》纂一二八五）。ここでは県境でもある江戸川を挟んだ両岸の地域が、国府台を推している。この例は、「明治神宮を東京へ！」という運動が、東京全体を覆っていたのではないことを教えてくれる点でも注目される。小岩村村長にとり、明治神宮が置かれるべき土地は、府内で遠い代々木より府外で近い国府台であった。

箱根や国府台のこうした動きは、県域成立以前の区画の記憶や、県域を超えた生活圏といった、行政区画を越えて存在するネットワークに依拠したものであることは間違いない。箱根なら豆相、国府台なら葛飾といった言葉がしばしば用いられるのも、それらを喚起しようとしてのことだろう。県境附近に位置する候補地にとって、運動拡大に際して県境を越えるのは、ごく自然なことであった。

これに対し飯能の朝日山ではそうした試みはなされなかった。境を接する東京府の青梅町では「明治神宮を御嶽山へ！」と運動していたからである。県境を越えての運動は妨げられたものの、その分、県内への運動の浸透をはかり、一定の成功を見ていた。『埼玉新報』が明治神宮の候補地について、「本県下にては先《ま》づ指を飯能の朝日山に屈せざるを得ず」としていたように（大正三年一月十五日）。「明治神宮を埼玉へ！」という次元の運動が起き、朝日山がその中心となることも不可能ではなかっただろう。

しかし「明治神宮を埼玉へ！」という主張にいかなる利点があったのか。

明治神宮を武蔵国へ

「明治神宮を東京へ！」という主張には、さまざまな効果があった。まずは支持者の広範化。明治神宮を戸山へと希望する周辺住民も、上野が最適と考える人物も、ともに「東京へ！」には賛成できる。いくつもの候補地を含み込むことで、「東京へ！」は、より大きな支持基盤を持つことになる。

次に運動面での有効性。東京という行政区画を単位とすることで、府・府会・市・市会といった既存の組織を駆使した取り組みが可能となる。これが現に機能していたことは、前節で触れた通り。

さらにそれはなぜそこへ神宮をつくるかを説明する論理としての一面もあった。帝国教育会会長・辻新次《つじしんじ》が提出した請願――これについては後ほどもう少し詳しく触れる――は、「東京は先帝の相して都を遷《うつ》し給《たま》ひし地にして、其の遺業鴻業《こうぎょう》を発揚し給ひし所なり」として「東京へ！」と主張する。すなわち東京こそ、明治天皇が遷都し、そのまま住み続け、幾多の事業を成し遂げた土地であると、明治天皇と東京との偶然ならざる関係を謳《うた》うことで、明治神宮は東京につくられてしかるべきだというのだ。居住と遷都――これには厄介《やっかい》な問題もあるが、史料にしたがってそのまま使う――という「由緒」によって、明治神宮の祭神と東京とを結びつける論理である。

これは代々木御料地や旧青山練兵場といった個々の候補地ではなく、「東京へ！」であるため成り立つ。当たり前のことではあるが、明治天皇は青山へと都を遷したわけでなく、代々木に住んでいたわけでもない。まさに東京であることにより、「明治神宮を東京へ！」は、「明治神宮をわが町へ！」をはるかに凌駕する強大な「由緒」を手にすることができた。代々木や青山は、個々には持ち得ない「由緒」を、東京という傘へと入ることによって、自らのものとすることができたのである。

ところが「明治神宮を埼玉へ！」の場合、そうした「由緒」に基づく説明のようなものが付随しない。なぜ埼玉なのかという疑問に対する回答はない。もっとも飯能の側も、端《はな》からそうしたものを埼玉へ求めてはいなかった。「本地域は武蔵国に属し、御遷都と御因縁あること」。確かにその通りであり、飯能はかつて武蔵国に属したが、廃藩置県後、入間県・熊谷県を経て、明治九年（一八七六）に埼玉県の管轄となった。そうした飯能の朝日山を、武蔵国にあると主張することで、いわば埼玉であることを放棄する。次いで東京遷都に際し、明治天皇が武蔵国一宮・氷川《ひかわ》神社へ参拝したこと（明治元年十月二十八日）を想起させる。遷都した先が武蔵国であるとすれば、明治神宮を飯能につくることは、神宮を「帝都と同国」へ祀るということになる。まさしく「明治神宮を武蔵国へ！」である。

飯能のこの主張は、「明治神宮を東京へ！」という運動が勢いを増していくなか、東京の候補地が検討を迫られてきたいくつかの課題——市街地と近接していることによる煤煙《ばいえん》や火災への対策など——から朝日山が無縁なことを強調し、「明治神宮を東京へ！」という主張を批判する一方、その優位性を認め、東京へ擦《す》り寄る。東京よりもひとまわり大きい古代の区画を持ち出してきたのは、「明治神宮を東京へ！」という流れは抗《あらが》いがたいという判断のもと、そこにおける遷都と居住という最強の「由緒」を、「明治神宮は武蔵国へ！」に流用しようとしたものであった。美しいとは言いにくい。だがなぜ武蔵国へつくるかという論理だけは提示し得ている。

競争の構図

しかし古代の国という死んだ単位では、武蔵国一丸となることもかなわず、運動への効果は何ら期待できない。武蔵国民（？）が支持してくれるという望みもない。「明治神宮を武蔵国へ！」は、東京と武蔵国との関係という難問の前に、そうした大きな弱点を抱えていた。

一方、「明治神宮を埼玉へ！」は、なぜそこへ神宮をつくるかという論理を欠いていた。これは「明治神宮を茨城へ！」などでも同じだろう。そこにあるのは、支持者拡大への希望と、行政区画を挙げての行動が可能かもしれないという運動面での効果である。しかし論理なき運動は、明治神宮を地域の繁栄に利用しようとする企てであるとの批判の恰好《かっこう》の標的となる。

では箱根や国府台ではどうだったのか。ここでは、県域を越えたネットワークに依拠していた。もちろん拡がり具合によっては、境界を接するすべての府県が支持するといったこともあり得たかもしれない。しかし実際には、まさに箱根がそうであったように、いずれの府県からも十分な援助を獲得できなかった。府県という単位からすれば周辺的であった候補地が、県境を越えて他の府県における周辺と結びついていったことは、かえってその周辺性を際立たせる結果となり、府県単位の支持調達を困難にした。行政区画とはずれたネットワークに期待したこれらの運動は、結果から判断する限り、微弱なものであった。

また「明治神宮を埼玉へ！」などと同じく、なぜそこへ神宮をつくるかを弁証する論理も欠いており、そもそも運動の側もそういった論理を展開していなかった。

東京の候補地が「明治神宮を東京へ！」という論理と運動の機軸を持ち得たのに対し、東京以外に所在する候補地は、それに相当するようなものを持ち得なかった。あるいは論理を持てば運動がともなわず、運動があり得れば論理がともなわず、結局、「明治神宮をわが町へ！」に固執するほかなかった。このことにより、東京以外の候補地は、「わが町へ！」が「東京へ！」に向かって独力で挑むという、困難極まりない構図による戦いを余儀なくされた。明治神宮の候補地は、すべてが同じ条件で競争をしていたのではない。東京対それ以外の各候補地という争い、そして東京内における各候補地間の争いという二層の競争が繰り広げられていたのである。

「風致」VS「由緒」

守ってくれる外套もなく、裸の状態で競争に加わった東京以外の各候補地は、なぜ「明治神宮はわが町へ！」なのか、個別に証明しなくてはならない。候補地は当然この点に多大なる力を注ぎ、それぞれに独自の主張を展開した。

「由緒」対決

多様に見えるそれらの議論も、よく目を凝らすと、ほぼ例外なく二つの焦点をまわってなされている。「由緒」と「風致」である。

「由緒」とは、一言で言えば、祭神と予定されていた明治天皇との関係である。「縁」や「由縁」などの言葉で表現されることもある。明治天皇とその土地との関わりを示し、それによってその土地に明治天皇を祀《まつ》る根拠とするものである。なお、実際の明治神宮には、明治天皇とともに皇后である昭憲皇太后も祀られている。だが昭憲皇太后の合祀が検討されるのは皇太后の死、すなわち大正三年（一九一四）四月以降のこと。すでにこの時点では敷地が決定していた。

もうひとつの焦点である「風致」は、その土地が明治天皇を祀るに相応《ふさわ》しい雰囲気――「景勝」・「荘厳」であったり、「雄大」であったり――を備えていることを理由にするもので、「体裁」などというのも同じである。「由緒」は歴史的環境、「風致」は自然的環境を根拠にしたものと、大まかには言えるだろう。候補地の理由づけは、基本的にはこの二つの焦点をめぐってなされる。「由緒」深く「風致」富むが故に、われこそ神宮の最適地である、と。

飯能で「由緒」といえば、明治十六年（一八八三）四月十七日から十九日にかけて、軍事演習のため明治天皇が滞在したことである。「明治天皇陛下行幸の由緒あること」は、もちろん請願書でも落としていない。たった一度の行幸にすがるのを嗤《わら》うことは容易《たやす》い。箱根の「由緒」が、明治天皇在世中ただ一度という明治六年（一八七三）の避暑で訪れた地であったことと、離宮が設けられていることに集約されるのも似たようなものだろう。もっとも離宮への行幸は一度もなかったが。

ただこれらの「由緒」が取るに足らなく見えるのは、遷都と居住という最強の「由緒」を前にするからであって、それは「明治神宮を東京へ！」という次元だからのものだった。

つまり「わが町へ」と「東京へ」とが競うからそのように見えるのである。代々木御料地への明治天皇の行幸も明治十九年（一八八六）の一度きり（『明治天皇紀』）。同じ次元で代々木との競争が成立していれば、この程度の「由緒」でも、朝日山や箱根は十分に対抗できたはずである。

「由緒」より「風致」

だが明治神宮造営の最適地として朝日山を推すにあたっては、「由緒」よりむしろ「風致」に力が込められていた。「山容水態《さんようすいたい》一区画をなし、地嵩高《すうこう》を呈せること」、「地域幽邃《ゆうすい》たるの感あること」が高々と謳われ、「風光明《ふうこうめい》媚《び》」・「悠大《ゆうだい》なる天然美」といった言葉が乱舞する。そして朝日山を神路山《かみじやま》、入間川を五十《いす》鈴《ず》川に見立てるなど、明確に伊勢神宮をモデルとし、一方で「平安神宮の如く紅塵《こうじん》の為めに汚《けが》さるゝの恐なきこと」を利点とする。飯能は「風致」を軸に、自然環境を活かした郊外型ともいうべき神社を計画していた。朝日山が「清浄無《む》垢《く》」で「原始的状態」であり、むしろ「由緒」などないことが良しとされていたのである。

「風致」重視による郊外型神社という点は、箱根や富士山などの候補地にも言える。「由緒」を無理に捻《ひね》り出したり、そもそも「由緒」への言及がなかったりする候補地も存在することを考えあわせれば（大丸真美「明治神宮の鎮座地選定について」『明治聖徳記念学会紀要』一七、一九九六年）、東京以外の候補地は、ほとんどこうした型の神社を目標としていたと言うことができる。その多くが山をシンボルとした誘致を試みていること、また先に指摘した県中心部からすると周辺に位置しているという事実も、こうした点と関わりがあり、偶然ではあるまい。

「風致」を重視すべきであると明確に主張し、運動にも影響を与えた人物に本多静六《ほんだせいろく》がいる。東京帝大教授で専門は林学、明治天皇記念に植林を勧めていた本多静六はいう。「神社建設地を選定するに当りて、第一に講究せざるべからざるは、天然の地勢、殊《こと》に、天然の山水樹木の関係にありて、縁故《えんこ》便利等の如きは、唯従的《ただじゆうてき》要件に過ぎずと謂《い》ふべし」、と。「天然の地勢」を主とし、「縁故」・「便利」を従とするこの立場から、本多は、市街に接し、針葉樹の完美なる森林を構成できない青山を、もっとも劣る候補地と酷評した。そして東京から数里を隔てた土地に敷地を求めるべきだとする。すなわち「風致」を軸としたに郊外型の神社をよしとする(「明治神宮の位置」『全国神職会会報』一六七、大正元年九月など)。

本多の論説は、その経緯は定かでないが、南洋探検家として知られた鈴木経勲《けいくん》によって、『明治神宮建設の位置に就て』と題された冊子に仕立てられ、「同志」へと頒布された。その冊子が飯能市立図書館に残っていることや、請願書における都市型神社の批判の仕方が本多の議論とよく似ていることなどから考えて、飯能での運動でも参照されたことは、ほぼ間違いない。「風致」を至上とする本多静六のような立場は、郊外型の神社を計画していた候補地のよるべき綱であった。

そして「風致」という点で、朝日山の評価はすこぶる高かった。築地本願寺や平安神宮などの作品でも知られる建築家・東京帝大教授の伊東忠太《いとうちゅうた》は、「風致」を主とするならば、飯能の朝日山がすぐれていたとはっきり述べている（「明治神宮の建築に就て」『建築雑誌』四〇九、大正九年十二月）。飯能が「風致」を押し立てるのも頷《うなず》けよう。

「風致」より「由緒」

東京はこの点でも異なる。先述した辻新次の請願には、「明治神宮を東京へ！」とする理由に、明治天皇との関係しか語っていなかった。「由緒」を語るのみで、飯能が頼みの綱とした「風致」には言及もしていない。「元来尊い御方を祀る神社の地を選むに、景色が何《ど》うの、便利が如何《どう》のと云《いう》のは、甚だ不穏当な事である。何うしても由緒のある所が好《よ》い。由緒と云ふ者は、人の心に尊崇敬虔の念を起さしめる因《もと》をなすものである」。これは青山を良しとした際の黒板勝美の言葉である（『国民新聞』大正元年八月八日）。

なるほど「由緒」を大事とすることは、郊外型の神社を排除することにはならない。「由緒」があれば、その位置はどこでも構わないのだから。ただし「由緒」の重視が「風致」の軽視と結びつくと、それは郊外型に対し、市街地やその近接地に神社をつくることへと傾いていくことになる。「由緒」重視の傾向は、都市、そして東京とより適合的であるだろう。

東京とそれ以外の候補地との争いは、都市型と郊外型という神社像における相違であるとともに、神社をつくるにあたって「由緒」と「風致」のいずれを重視するかという対立でもあった。

候補地の苦難

飯能における「由緒」も、ほかの多くの地と同じように明治天皇の行幸《ぎょうこう》であった。当時の行在所《あんざいしょ》も現存し、天皇の愛馬・金華山《きんかざん》御繋止《おつなぎとめ》の松（通称・駒止めの松）も繁茂し、徳《とく》大寺《だいじ》実則《さねつね》の揮毫になる行幸記念碑もあると誇っていた。ところが行幸のあったのは朝日山ではない。そこから北へ一キロほどのところにある別の山である。

誘致運動と交通

山といっても標高一九五メートルほど。明治十六年（一八八三）の明治天皇行幸以後、いつごろからか天覧山《てんらんざん》と呼ばれるようになったが、古くは愛宕《あたご》山、近世には羅漢《らかん》山と称されていた。いずれにしろ明治神宮の候補地とした朝日山とは別の山である。神宮をつくるなら、明治天皇の「聖蹟」をそのまま保存する形でもよいはずだし、「由緒」という点でいえば、その方が厳密であるだろう。なぜ明治神宮は天覧山ではなく朝日山なのか？

明治四十五年＝大正元年という年は、飯能にとって転機の年となった。懸案であった武蔵野鉄道の開設が本決まりとなったからである（大正四年開通）。明治神宮の請願でも、遠からず開通する武蔵野鉄道により、東京より片道一時間半ほどになると記し、交通図をつけている。これまで飯能から東京へ出るには、入間川（現在の狭山市《さやまし》）まで馬車鉄道を使い、そこから所沢・国分寺経由で新宿という道程が普通であった。武蔵野鉄道は東京を一挙に近づける。

神社は人が参拝に訪れることを前提としている。よって参拝者のためになんらかの形で交通手段が確保されていなくてはならない。朝日山は参拝者としてまずは東京の住人を予想し、鉄道開通によって交通上も問題がなくなることをアピールしていた。

明治神宮を郊外に設ける場合、交通は難問を惹起《じやつき》する。飯能をはじめ郊外型の神社が苦しんでいるのは、参拝者として第一に東京の住人を想定しているからであり、またそれ以外から来る人びとも、東京を経由するほかないからである。そして交通の利便性を計る水準も、東京を基準に考えられていたからである。箱根では、小田原電鉄（現在の箱根登山鉄道）の延伸計画により、参拝の便は「東京市付近に譲らざる次第」を訴えている。

もっとも、埼玉県下の大宮公園を明治神宮の敷地とせよと提唱した根岸貞三郎のように、神宮誘致に成功すれば、鉄道も発起されるにいたるだろうと楽観的に考えるのなら、すべては解決する（『埼玉新報』大正元年八月八日）。ただしこれでは、神宮誘致は大宮の繁栄策ではないか、との批判はとうてい免れまい。

いずれにしろ、郊外型の神社といえども、東京に向けて発信されていたことは、理解しておく必要があるだろう。また都市型の候補地がこうした苦悩と無縁なのは言うまでもない。

観光と誘致運動

さて、数年先へと迫ってきた鉄道開通に向け、飯能において考案されたのが、東京の住人を主対象とした観光開発であった（『飯能市史・通史編』飯能市、一九八八年）。林業と織物業以外にめぼしい産業のない飯能にとって、観光は新しい産業の試みであり、明治天皇の亡くなった年には、「飯能遊覧地委員会」なるものを設け、計画に乗りだした。その際、企画・立案で顧問のような地位に就いたのが、林学博士・本多静六である。

「風致」を重視する郊外型の明治神宮造営を提唱していた本多は、埼玉県出身（菖蒲《しょうぶ》町）であった縁もあってこの事業に加わった。日比谷公園の設計などでも知られる本多の計画は、天覧山を中心とした遊覧区域を定め、四季折々の花を賞翫《しょうがん》するハイキング・コースを整備するというものだった。もちろんすでにあった行幸記念碑や駒止めの松といった「聖蹟」を組み込んでのものである。

つまり天覧山は公園へとなりかけていた。そのため明治神宮の敷地としては「清浄無垢」な朝日山一帯こそ相応しいとされたのである。

誘致運動へは常に、神宮をその土地の繁栄策に利用しようとするものだとの批判が付き纏《まと》った。仮に飯能について同様な批判をするならば、東京からの観光客を増やすために神宮を利用しようとしていると、言われるに違いない。実際に請願書では、「帝都」との交通に触れたあと、「都人士《とじんし》は、半日又は一日の閑を以て優に神宮を参拝し、併せて当地遊園の絶景を弄《ろう》するを得べし」と付け加えている。そういった嫌疑を招くのもある程度まではやむを得まい。

この点は箱根についても言えるだろう。もともと地域の主要産業が観光である箱根では、有力者の多くが観光業に従事していた。神宮の請願人にも、万翠楼福住《ばんすいろうふくずみ》の福住九蔵《きゅうぞう》、あるいは明治六年（一八七三）の避暑の際に天皇が長逗留《ながとうりゅう》した奈良屋旅館の安藤兵治など、著名な旅館の主人が数多く名を列ねている。また神宮創建の請願書では、明治天皇が「国富」の増進を念としていたことに触れつつ、神宮が箱根へと造営されれば、「荒蕪《こうぶ》自ら拓けて万民茲《ここ》に子来《しらい》し」、「国富」を培養することになると述べている。「国富」を産み出すものを箱根につくるべしと地元の観光業者たちが主張しているわけである。疑念を抱くなという方が無理というものだろう。なお、売れっ子の本多静六は、箱根の観光開発についても提言していた（『箱根風景利用策』神奈川県内務部、一九一四年）。

天覧山を外苑に

朝日山に戻ろう。飯能の人びとは、このように見方によっては疑惑の種へとなりかねない天覧山一円を、神宮誘致へと積極的に活用していく。「神苑」の設計について見通しを語り、さらに「神苑拡張の必要ありとせば、附属神苑として、兼て本町に於て計画したる遊覧地一円を編入することも亦《また》一策なるべし」、と。天覧山の「遊覧地」を、朝日山を中心とする「神苑」へ組み入れてもよいというのである。

神苑については、東京の構想を見た際にすでに触れたので、繰り返す必要はないだろう。飯能の場合、天覧山を、朝日山を中心とする神社へ附属神苑として組み込んでもよいといっているわけだ。要するに天覧山を外苑にしてもよいということである。

これは直接には「覚書」の内苑‐外苑という計画に触発されたものであるだろう。「人工美」にかわって「天然美」に重きをおいて計画している点など、「風致」を軸に据えた候補地として相応しい形になっており、「覚書」の換骨奪胎を目指していたとすら言えるだろう。

しかし逆から言うと、東京の一計画である「覚書」は、飯能の計画の内容についてまで影響を与え、規定していたということでもある。飯能の計画は、交通などの点で東京の住人に向け発せられていただけでない。その計画の中味についても、東京が強く意識されていた。東京以外の候補地も、東京を向きながら、明治神宮を考えていたのである。すべての候補地は東京のまわりを回っていた。

東京の傘のもと

「東京へ！」対「東京以外へ！」という競争には、敷地選定に関する原理や、神社と都市との関係についての考え方といった明確な対立軸が存在していた。それに比べると、競争におけるもうひとつの層を形作っていた東京内の候補地相互のそれは、いかにも歯切れが悪い。

まずは「覚書」との関連。「覚書」は、内苑には代々木御料地、外苑には青山練兵場跡地を最適とすると明示していた。よってこの両者、とりわけ本体にあたる内苑へ予定している代々木御料地を候補地とする誘致運動でもあり、表1でもそのように記しておいた。

ところで地元の牛込区などには、陸軍戸山学校敷地こそ明治神宮へ相応しいとした動きがあった。彼らは、「覚書」確定のために関係者が一堂に会した大正元年八月二十日の協議会に向け、戸山を売り込んだ（『東京朝日新聞』八月二十一日など）。その結果といえば、「覚書」の本文へは何ら反映されず、参考として掲げられた候補地群の先頭になったのみ。しかし彼らは代々木を最適とする「覚書」へと参加した。

「覚書」は、東京市長と大実業家を先頭に、区会・市会・府会・国会の代表者を網羅して作成された案である。戸山の態度が、「覚書」の圧倒的な規模を前にしての戦略であったことは間違いない。だが独自の候補地となるためには、どこかで「覚書」と袂《たもと》を分かたねばならず、ついに陸軍戸山学校敷地も、別個の陳情書を区長名にて出すに至る。

このように「覚書」の極めて強い影響下にあった東京内の候補地は、東京外の候補地のような特色ある議論を展開していない。大正元年九月に赤坂倶楽部の名前で印刷された意見書は、青山から代々木にかけての土地を適当とするものであるが、その理由として、天然の地形の良さ、最初の行幸地であること、交通至便で参拝しやすいことなど、一〇項目を挙げている（外務省外交史料館蔵外務省記録《本邦神社関係雑件・明治神宮関係》）。「風致」あり「由緒」ありと、理由になりそうなものが満遍なく記されている反面、そのうちのどれかが突出することで個性を主張することもない。バランスがとれているとも、総花的であるとも言えよう。

飯能などが東京という強敵を相手に独自の論理を磨いていったのに対し、「覚書」の庇護によってその必要のなかった東京の各候補地は、そうした方面にさして力を注がなかった。東京内の候補地間競争は、なぜこの場所なのかを主張し合うというよりも、ほかの候補地の難点を指摘する消去法へと傾斜していくことになる。

運動、政府を動かす

明治天皇の神宮をつくろうとの運動は各地で起っていた。だがどのような手順を経て、どういった状況になれば、実現へと近づくのか。神宮誘致運動は、実現への方途が判然としない運動であった。

大喪に阻まれる明治神宮

明治天皇の死をきっかけに浮上した天皇を祀る神社をつくろうという民間の運動に対しては、それを批判的に捉える見方が付き纏《まと》った。そうした行為は、本来なら大正天皇が決定することに対して影響を及ぼそうとするものである、と。ただし一概にこの批判が的確であったとばかりは言えない。もし神宮をつくるかどうかは大正天皇が決めるとの規定を示せと問い詰められると、あとで見るように、なかなかに厄介だったからだ。

だがそうはいっても、神社を勝手につくることへは内務省の規制があったし、構想された神社の規模からいって、そもそも自前でつくれるものでもなかった。その上いくつもの案が競合しており、相互の調整も欠かせない。こうして民間の諸案は、なんらかの形で国側と接触する必要があった。国費で建造しようというなら、なおさらである。

その最初の機会となりそうだったのが、明治天皇の死から二〇日ほどのちに開かれることとなった帝国議会である。八月二十三日に開会する第二九臨時議会は、明治天皇の大喪費予算を審議するために召集されたものだった。しかしそれとともに明治神宮をどうするか、事前に議論があった。「覚書」が八月二十日に決定したのも、議会に間に合わせた面があろう。

政府側は「問題は全く御大喪費のみ」のつもりで（『原敬日記』八月九日）、両院代表者との会合では、南弘内閣書記官長が「神宮建立の事は次期議会に提出の筈《はず》なれば、臨時議会の問題とはなさざるやう」、内閣としての希望を伝えた。大喪以前であるという遠慮とともに、会期僅かに三日という短期では実質的に審議不可能というのが理由である（『国民新聞』八月十日）。

阪谷芳郎・中野武営らに「覚書」の作成を一任した東京の各団体連合協議会は、これを受け容れた。ところが市会・区会レベルでは、請願を取り次がぬとは怪《け》しからんとの声も多く（『東京朝日新聞』八月十五日）、結局のところ、「明治神宮を東京へ！」を柱とする帝国教育会による請願も、「箱根へ！」とするものなどとともに、議会へ提出された（『帝国教育会五十年史』一九三三年）。ただしいずれも上程には至らずにやんだ。

政変に阻まれる明治神宮

阪谷・渋沢を中心とした協議会は、明治天皇の大喪（九月十三日〜十五日）が一段落するのを待って、「覚書」を正式に手渡すこととなった。臨時議会の経緯からすると当然のことだろう。九月二十七日のことである（『阪谷芳郎東京市長日記』）。阪谷らは、「覚書」手交以前から、首相・内相・宮相への陳情を繰り返していた。メンバーの指導力やその代表する層の大きさこそ圧倒的であるが、「覚書」はいまだ数多く出されている私案のひとつにすぎなかった。だがこうした運動を積み重ねることで、確実にその存在感を高めていく。

しかし事はそう簡単には運ばない。渋沢と渡辺千秋宮相の会談で、渡辺が「原内相に案を立てしむるつもり云々」と述べたと、渋沢から阪谷が聞いたのが十二月一日（『阪谷芳郎東京市長日記』）。このときすでに内閣はいわゆる二個師団増設問題で揺れており、この翌日には、上原勇作《うえはらゆうさく》陸相が単独で辞表を提出。内閣は崩壊し、もちろん原敬内相も職を辞した（表2―関連事項年表①）。

内大臣であった桂太郎《かつらたろう》が後継内閣を組織すると、桂内閣の倒閣を叫ぶ憲政擁護運動が

表２　**関連事項年表①**

明治45年＝大正元年＝1912年	
７月20日	明治天皇の容態公表開始
７月30日	明治天皇の死が公表される
８月１日	宮内省が天皇陵を京都と公表する
９日	東京各団体連合協議会が開催される
12日	各団体連合協議会委員会にて具体案を阪谷芳郎・中野武営へ一任
14日	「覚書」出現
18日	原敬内相と桂太郎内大臣が明治神宮について意見交換
20日	各団体連合協議会にて「覚書」が可決される
23日	第29臨時議会開会：明治神宮関連議題は上程に至らず
８月	箱根で離宮附近を候補地とする請願書がつくられる
９月27日	各団体連合協議会が「覚書」を西園寺首相・渡辺宮相へ手渡す
11月27日	原敬内相と渡辺千秋宮相が明治神宮について意見交換
12月２日	西園寺内閣は崩壊，後継は桂内閣へ
27日	第30議会開会
大正２年＝1913年	
２月10日	桂内閣が崩壊，後継は山本内閣へ
２月	飯能で朝日山を候補地とする請願書がつくられる
２月27日	貴族院にて請願「先帝奉祀の神宮建設に関する件」可決
３月26日	衆議院にて建議「明治神宮建設に関する件」「明治天皇聖徳記念計画」可決

巻き起こる。桂首相は新党を創設することでこれを切り抜けようと試みるも成功せず、ついに二月十日になって内閣は総辞職。政権は再び政友会を基盤とする山本権兵衛《やまもとごんべえ》内閣へと移る。大正政変と後世呼ばれるようになるこの巨大な政治変動のなか、明治神宮はいっこうに進まない。神宮建設を前に進めるという点からも、また臨時議会の時の議論から言っても、第三〇議会では神宮が議題になることが予測された。

貴族院では請願が

貴族院では前議会に引き続き請願という形式が取られた。提出者も前議会で単独提出を企てた帝国教育会の会長辻新次である。「先帝奉祀の神宮建設に関する件」という。請願委員会を二月十九日、本会議を二月二十七日に通過、内閣に送付された。

東京は先帝の相して都を遷し給ひし地にして、其の遺業鴻業を発揚し給ひし所なり。加之《しかのみならず》、今上天皇陛下亦茲《またここ》に都して先帝の遺業を継がせ給ふを以て、此《こ》の地に荘厳なる神宮を建設し、先帝の霊を奉祀し、国民をして崇敬追慕の誠を捧《ささ》ぐるを得せしめられたし。（『帝国議会貴族院議事速記録』二九、東京大学出版会、一九八一年）

つくられるべき神社に適当と思われる敷地を提示するわけでもなく、ただただ遷都と居住という「由緒」を理由に、東京に「荘厳」なる神宮の建設を求めるもの。ある意味でこれほど具体性のないものも珍しい。しかし逆にこのことが重要な役割を果たす。代々木御料地であれ、陸軍士官学校であれ、東京と呼ばれる地域の内部に明治天皇を祀ろうというものでありさえすれば、すなわち「明治神宮を東京へ！」というものでありさえすれば、すべての候補地が辻の請願に賛成できる。

ところで辻の請願には競争相手がいた。「明治神宮御造営の件」・「明治天皇の廟宇《びょうう》建設並《ならびに》神都《しんと》選定の件」・「明治天皇神宮御造営の件」。名称のみでは分からないが、それぞれ富士山・箱根・朝日山を候補地と掲げたものである（『帝国議会貴族院委員会会議録』一、臨川書店、一九八一年。東京都公文書館蔵《明治神宮に関する書類》）。「明治神宮を東京へ！」には加わることのできないこれらの候補地は、「東京へ！」というものとは別に、独自に「わが町へ！」との運動を展開していた。当然のことながら請願も別個に提出する。しかしそれらを押し退けて、「東京へ！」という請願が採択された。これにより、「東京へ！」以外の運動が、さらに苦しい立場へ追い込まれたことは間違いない。いかに大まかなものであろうと、帝国議会において、特定の地域への誘致を掲げて採択された明治神宮に関するただひとつの議案が、「東京へ！」であったのだから。

衆議院では建議が

一方、衆議院では建議案として出すことになった。本会議への上程は、会期も押し迫った三月二十日（『帝国議会衆議院議事速記録』二七、東京大学出版会、一九八一年）。関直彦ほか一一名提出「明治神宮建設に関する建議案」。

これは短い。「政府は明治天皇の神霊を奉祠せんが為、明治神宮建設の計画を立て、速《すみやか》に帝国議会の協賛を求むべし」。

議院法の規定では、請願が、国民の願望を各院が取り次いで政府へと送付するものであるのに対し、建議は院の意見として、政府へ呈出するものとある。つまり請願とは違い、建議は院で主張を一本化する必要がある分、請願より重みのある形式であった。「東京へ！」という文言がないのは、おそらくこのことによるだろう。だが、「覚書」作成を阪谷らへ依頼した委員会の委員に、関直彦が東京市選出代議士を代表して就いていたこと、そしてなにより建議案提出に名を列ねた者すべてが東京選出代議士であったことから、「東京へ！」という勢力によるものと考えて間違いない。

またこれとともに注目したいのは、同日に増田義一《ますだぎいち》が提出した「明治天皇頌徳《しょうとく》記念事業に関する建議案」である。増田は自らが主宰する雑誌『実業之日本』において、「明治の聖代は何を以て記念し奉るべきか」といったキャンペーンを行っており（「明治天皇の出現」扉を参照）、建議の提出はその実践として理解することができる。その建議案は、冗漫なので部分的に引くにとどめるが、「先帝の崩御あらせらるるや、聖徳記念事業の必要は普《あまね》く朝野に唱道せられ、有志の士、之《これ》に関して私議を立てたる者、枚挙に遑《いとま》あらず。其の方法等に付て衆説一ならずと雖《いえども》、挙国一致の計画に成る国家的記念事業の必要は、既に衆論の一致する所にして、全国民の挙て切望期待する所」であるから、政府は成案を具して議会に提出せよという。記念事業の濫立を、国家による実施で調停しようというものである。これが神社‐崇敬とある点で重なりつつも、それとは別に必要とされていた記念という次元についての建議であり、関直彦のものと対をなすものであることは、言うまでもなかろう。

衆議院でもこの二つの建議案は一括したものとして、同じ特別委員会へと掛けられた。委員会では字句上の修正をいくつか行い、増田提出案を「明治天皇聖徳記念計画建議案」という名称に改めた（『帝国議会衆議院委員会議録』二、臨川書店、一九八一年）。そして三月二十六日、二つまとめて本会議を通過した。満場一致である（『帝国議会衆議院議事速記録』二七）。

明治天皇の死から半年が過ぎ、神宮建設の行方はひとまず政府へと委ねられた。

明治神宮は東京に

調査に参加した人物たち（左から原敬・三上参次・伊東忠太）

神社奉祀調査会の設置

明治神宮造営のボールは政府へと回ってきた。政府関係者、とりわけ原敬《はらたかし》の周辺ではかなり早い時期から、明治天皇を祀る神社については、調査会を設置して対処するという方式を考えていた。

調査会に込められた期待

大正元年（一九一二）八月十八日、内相であった原敬は、内大臣兼侍従長になったばかりの桂《かつら》太郎《たろう》に対し、明治神宮建設のことについて、「今年冬の議会にて建議にてもあらば、政府は調査委員を設け、調査に着手すべし」と述べ、桂の同感を得ている。また十一月二十七日には渡辺《わたなべ》千秋《ちあき》宮相へ「諒闇《りょうあん》明けたる後、内務省に調査委員会を設け、調査する事を提議し」、賛同を得ている（『原敬日記』）。明治三十四年（一九〇一）の台湾神社創建の際、貴衆両院からの建議に応える方向で、台湾総督府が取調委員会を置き、調査を行った（『台湾神社誌』一九一一年）。これなどが先例として参照されたのかもしれない。

ところでこの調査会という方式には、さまざまな期待が込められていた。たとえば継続性の保証。調査会を政権交代などには連動しない形で設置すれば、安定した調査が可能となる。目前で展開した大正政変は、この形式の有効さを再認識させたことだろう。

あるいは専門性の獲得。行政当局者をもってしては十分な調査が行えないと予想される場合、その分野の専門家を委員に委嘱すれば、調査会は、専門的立場からする議論の場と位置づけることができる。行政府において「総《すべ》て神社に関する事項」を管掌する内務省の神社局は、この前後、井上友一《いのうえともかず》局長以外に高等官はいても一名、属が五名程度という小さな所帯であった。なんらかの方法で専門家の応援が要請されよう。

一方、委員に各界の主要人物を網羅すれば、調査会を、各界代表者の総和としての国民代表とみなすことも可能となる。つまり調査会の審議を経ることで、議案は国民からも支持されていると主張できるようになる。またそこでは各界の間における利害調整の機能も付随し得る。

そして「冬の議会」では、原敬の予測した通り、衆議院からは建議、貴族院からは請願がなされた。そしてそれから数ヵ月が経ち、諒闇も明けた大正二年（一九一三）八月十五日、内務大臣より「明治天皇奉祀の神宮創設に関する件」が閣議へ提出された（《公文雑纂》纂一二八三）。明治天皇の亡くなった一年前と同じく内務大臣は原敬であったが、その間に内閣は二度代わり、首相は山本権兵衛《やまもとごんべえ》となっていた（表3）。

調査会の権限

原内相によって閣議へ提出された文書は、貴衆両院からの請願・建議によって政府の行動が求められたことに対し、応えたものである。

神宮を創設すること、寔《まこと》に適切の挙なりと認む。而《しか》して、其創設の手続を取運ばんとするには、鎮座の地、規模　並《ならびに》　経費等の点に付、慎重調査を要するものあるに依《よ》り、先《ま》づ其調査の為《た》め、明治天皇奉祀の神宮創設調査委員会を組織せんと欲す。

神宮創建へ賛成し、そのためにまずは調査委員会を組織しようとの立場である。引用を省略した部分で、貴衆両院の行動とともに阪谷・中野・渋沢らの運動が特記されているのも注目に値する。ただしすぐさま決定とは至らず、二月以上過ぎた十月二十四日になって、ようやく「明治神宮奉祀の事に関し大体閣議決定」となった（『原敬日記』）。そしてこの過程で微妙な問題が浮き彫りとなる。

表３　**関連事項年表②**

大正２年＝1913年	
８月15日	内務省が「明治天皇奉祀の神宮創設に関する件」を閣議提出
10月28日	同件を閣議決定
11月22日	明治天皇奉祀の神社創設に関する上奏が裁可される
12月20日	神社奉祀調査会官制が公布される
12月22日	神社奉祀調査会委員が任命される（第１次）
12月25日	第１回神社奉祀調査会開会
大正３年＝1914年	
１月15日	第２回神社奉祀調査会開会：鎮座地は東京へ決定
２月１日	第３回神社奉祀調査会開会
２月８日	戸山学校・青山練兵場・代々木御料地を実地視察
２月15日	第４回神社奉祀調査会開会：鎮座地は代々木へ決定
３月17日	鎮座地を代々木・南豊島御料地に定める件を宮内大臣が許可する
４月２日	明治天皇奉祀神社の鎮座地を「内定」
４月６日	神社奉祀調査会委員が任命される（第２次）
４月29日	第５回神社奉祀調査会開会
５月１日	神社奉祀調査会特別委員会第１回開会
６月19日	神社奉祀調査会特別委員会第10回開会：報告書提出
７月２日	第６回神社奉祀調査会開会
７月６日	第７回神社奉祀調査会開会
８月15日	明治天皇奉祀の神宮に昭憲皇太后を合祀の件，裁可される
８月21日	明治天皇・昭憲皇太后奉祀神宮社名の件を上奏
９月８日	神社奉祀調査会官制改正公布
11月３日	第８回神社奉祀調査会開会
11月30日	明治天皇・昭憲皇太后奉祀神宮社名の件，裁可

調査会を設けるにあたっては、その機関が調査・審議する事項を官制で定め、権限の確定を行う。「港湾調査会は……港湾に関する制度、計画、設備其《そ》の他重要なる事項を調査審議す」といった具合である（明治四十年勅令第二六二号）。ただし今回の場合、創建する神宮の名称はもちろんのこと、厳密に言うと神宮とするかどうかからして決まっておらず、これらも調査・審議の対象とするほかない。あるいはそういう点こそ、重要な調査事項となる。調査機関の名称が、最終的に神社奉祀調査会という、極めて漠然としており、一見しただけでは明治神宮についてのものとは想像しづらいものへとなったのは、こうした点に配慮したものだろう。

このように神社の名称も調査会の権限であるとして、それでは、神社をつくるということそれ自体は審議の対象となるのか？　言い換えると、神社をつくらないという結論を調査会は出すことができるのか？　貴衆両院の求めに応じて、政府が調査会を設けるという流れである以上、調査会が神社の創建を否定するという選択肢は、設置の時点でほとんど消えたといえるだろう。だが調査会が神社をつくると決定した場合であっても、実はまったく同じ問題が発生する。神社をつくると調査会が決めてよいのか？　すなわち明治天皇を祀る神社を創建すると、一体だれが決めるのかという問題である。

だれが明治神宮をつくると決めるか

調査会の決定はそのままでは政府決定にならないのはもちろん、調査会の属する官庁の決定ですらない。よって調査会の審議の結果、仮に神宮創建を否とするとの結論が出たとしても、それがすぐさま政府決定となるわけではない。しかし、内務省はこうした事態が発生し得るという可能性、すなわち調査会が神社を創建するか否かを決めるという事態を明確に否定する方向で、調査会設置を行う。

そのため、八月に原内相から出された「明治天皇奉祀の神宮創設に関する件」においては十分に区分されていなかった二つのこと、すなわち明治天皇を祀る神社をつくるということと、そのために調査会を設けるということとを画然と区分する。そしてまず前者を解決し、その上で後者へと進むことにより、調査会の権限から神社創建への可否判断を除く方針で臨んでいく。

まず明治天皇を祀る神社をつくるということに関しては、内務大臣から天皇へ上奏、裁可を経るという形式がとられた。十一月二十一日付の文書に引き続き（《公文類聚》類一一六八）、翌二十二日には原内相が大正天皇へ拝謁、「口頭を以《もっ》て、議員より建議並に国民の請願等も之《これ》あるに付、先帝の御偉蹟を永遠に伝へ、且つ国民の熱誠を容れさせらるゝ様之ありたく、御裁可の上は直に委員を設けて調査し、更《さら》に詳細の奏上をなすべき旨」を述べている（『原敬日記』）。この件は同日、裁可された。

この経過は、神宮を創建するかどうかを決めるのは天皇であるという立場に基づいている。内務省によれば、明治神宮をつくると決めるのは、大正天皇であった。ただし大正天皇へ創建を説得するにあたって原内相は、建議に請願、国民の熱誠といった言葉を並べ立てた。決断するのは天皇、その決断を支えるのは国民という構造になっていた。またこの立場にしたがえば、明治神宮の創建はこの裁可によって、すなわち大正二年十一月二十二日に決まったということもできるだろう。この日、最後の将軍・徳川慶喜《とくがわよしのぶ》が七十七歳で亡くなっている。偶然とはいえ、いささか感慨を催さずにはいられない。

創建の「内定」と調査会の発足

しかし大正天皇の裁可によっても、明治神宮の創建は「決定」されなかった。この裁可はこの後しばらく「内定」と呼ばれていく。たとえば神社奉祀調査会がはじめて開かれた際になされた原敬の挨拶では、「御鎮祭の儀に関して予《あらか》じめ御内定を仰ぎ奉り」とある（《公文雑纂》纂一三三三）。それは裁可された内容が公布されなかったからであり、さらにいうと公布できなかった。

官国幣社の創立や列格は、従来から内務省告示によって公布されていた。そしてその告示では、社名・祭神名・鎮座地・社格のみが記される。これらの諸要素が、政府による神社同定にあたり、もっとも基本的な要件とされていた。時間的には前後するが、ここでは参考として、明治神宮の創立を告げる大正四年内務省告示第三十号を挙げておこう。

一　明治神宮　祭神　明治天皇　昭憲皇太后

右、東京府下豊多摩《とよたま》郡代々幡《よよはた》村大字代々木に社殿創立、社格を官幣大社《かんぺいたいしゃ》に列せらるる旨仰出《おおせいだ》さる

大正四年五月一日

内務大臣　子爵大浦兼武

ところが大正二年末の時点では、社名は明治神宮が、社格は官幣大社がそれぞれ有力ではあったものの未定。鎮座地に至ってはいくつもの土地が火花を散らしている始末。もっとも確実そうな祭神についてですら、明治天皇のみとするもののほか、たとえば、維新の英雄たちを配祀するといった考えも、少数ながら存在した（外崎覚「明治天皇御逸事に就て」『史談会速記録』二四四、大正二年六月など）。そうした声を考慮すれば、これまた未定というのが正確であろう。告示に必要な最低限の事項すら定まっておらず、これらはいずれも調査会の審議を待つことになる。かくて大正天皇の裁可を経ながらも、「内定」にとどまった。

だがこの「内定」により、設置される調査会の権限は明らかなものとなった。明治天皇を祀る神社をつくるという方針のもと、そのために必要な諸事項を調査・審議するということである。調査会には神社奉祀調査会という名前が付され、十二月八日に閣議決定、二

十日に勅令第三〇八号として官制が公布された（《公文類聚》類一一五二）。その第一条は次のようになっていた。「神社奉祀調査会は内務大臣の監督に属し明治天皇の奉祀に関する事項を調査審議す」。請願・建議に政府が誠意をもって対処したことを示そうと、議会開会（十二月二十六日）前を目途に迅速に処理され、第一回調査会は二十五日に開催されている。また経費七二〇〇円も第二予備金から支出された（《公文類聚》類一一六二）。

調査会へ期待を抱いて

神社奉祀調査会の設置は、明治神宮の誘致を求める運動を再び活性化させた。誘致運動を展開する候補地にとっては、鎮座地こそすべて。彼らにとって調査会の出現とは、鎮座地を選定する機関が出現したことを意味した。これまで行政府（首相・内相）や立法府（貴衆両院議長）、さらには宮中（宮相）などへと分散し、その実効性も定かでなかった陳情活動の対象もこれではっきりした。各候補地は、希望を胸に抱きつつ、調査会へと的を絞って運動を再開する。

いくつかの候補地では、調査会の委員へ個別に陳情へ及んだ（『渋沢栄一伝記資料』四一など）。朝日山を擁する飯能は、年明けの大正三年一月になって「追補陳情書」を新たに作成した。また地元紙の『埼玉新報』紙上に、一月十五日から十七日まで請願書の連載を行った。さらに埼玉では宝登山《ほどさん》も動きだした。十三日には運動員が請願書を持って埼玉県庁を訪れ、次いで上京して内務省へ出頭している（『埼玉新報』一月十四日）。

本命の東京も動き出す。年末の十二月二十四日付で調査会の委員らに宛て、阪谷芳郎東京市長名で公信を発した。「抑《そもそ》も明治天皇奉祀の儀は本市民の熱誠なる冀望《きぼう》にして」とはじまり、委員任命に「市民一般多大の悦《よろこび》を表し居候《おりそうそう》」ことを記す。もちろん「覚書」の添付も忘れていない（《明治神宮に関する書類》）。正月十日には、阪谷は何名かの委員を自らで訪問し、高配を求めている（『阪谷芳郎東京市長日記』）。

調査会設置によって実現への手順が見えてきた各候補地は、すぐさま新たな事態へと反応し、運動を猛烈に展開した。この分では、鎮座地の決定まで時間がかかればかかるほど、各地からの声は大きくなることが予想された。

鎮座地決定

明治天皇の死から一年半ほどが経ち、明治天皇を祀る神社について検討する神社奉祀調査会が発足した。政府と候補地の双方から期待を集めるこの調査会が、いかなる陣容でどういった審議をするのか、注目が集まった。

委員の顔ぶれ　まずは委員から。人数は若干名、内務大臣の奏請により内閣が任命する、と官制にはある。表4の破線より上が発足時のメンバーになる。

これらの人びとが、そろって神社について格段の知識を持っていたとは考えにくく、それぞれ立法府、枢密院、軍、行政府、宮内省、学界、産業界の代表として選ばれたと見るほかない。すなわち調査会発足の時点においては、各界の代表者を集め、調査会は国民代表から構成されているとの体裁を必要としていたということである。世が世なら第十六代将軍だったかもしれない徳川家達《いえさと》や元白虎隊士《びゃっこたいし》の山川健次郎が委員となったことも、それぞれの役職に基づく偶然とみなしてよいだろう。

では渋沢栄一についてはどうだろうか。なにせこれまでも繰り返してきたように、渋沢は「明治神宮を東京へ！」という運動の中心人物の一人である。偶然と片付けるにはあまりに出来すぎという印象を与えかねない。しかし大正二年というこの時期に、一人の人物

表4　神社奉祀調査会委員一覧

委員名	役職名
蜂須賀茂韶	枢密顧問官
徳川家達	貴族院議長
奥保鞏	元帥・陸軍大将
井上良馨	元帥・海軍大将
戸田氏共	宮内省式部長官
渋沢栄一	実業家
山川健次郎	東京帝国大学総長
水野錬太郎	内務次官
大岡育造	衆議院議長
福羽逸人	宮内省内苑頭
◎阪谷芳郎	東京市長
奥繁三郎	衆議院議長
○井上友一	内務省神社局長
大谷靖	内務省会計課長
○三上参次	東京帝国大学文科大学教授
○萩野由之	東京帝国大学文科大学教授
○伊東忠太	東京帝国大学工科大学教授
○関野貞	東京帝国大学工科大学教授
○荻野仲三郎	東京女子高等師範学校教授
下岡忠治	内務次官
○堀田貢	内務省参事官
○近藤虎五郎	内務省技師
○市来乙彦	大蔵省主計局長
川瀬善太郎	東京帝国大学農科大学教授
本多静六	東京帝国大学農科大学教授
小橋一太	内務省土木局長
久保田政周	東京府知事

破線より上が第１次の委員。○は特別委員。◎は同委員長。

によって実業界を代表させようとすれば、かなりの確率でそれが渋沢栄一になったことは間違いない。また渋沢でないとしても、東京商業会議所会頭である中野武営となってしまっては、結局のところ、委員会における立場に変わりはないだろう。人選へ無理に作為を見出す必要はあるまい。

ただし「明治神宮を東京へ！」という運動が、そして「東京へ！」だけが、代弁者と呼んでもおかしくないような委員を調査会の内部に持ったことは確かである。鎮座地について、ほかの委員が渋沢のようにまとまった主張を有していた形跡はなく、東京がこの時点で相当に有利となったといってよいだろう。早々に阪谷芳郎東京市長名で、委員らへ公信が送られたことはさきほど記した。そのうち渋沢栄一委員宛にだけ、次のような一節が付け加えられていた。

追て本文の通り、今般新任の委員諸氏へ申《もうし》送り置き候《そうろう》間《あいだ》、御《お》含《ふくみ》迄《まで》申上候。

もっとも大切な審議事項

さて明治天皇の奉祀に関する事項を調査すると一概に言っても、調査事項のなかには自ずから軽重があった。調査会の会長でもある原敬内相は、第一回会合において、「先づ定めらるべきは社格と称号とにあり」、「鎮座地及び規模に就《つい》ては其《その》関係する所大なるを以て、是亦《これまた》特に考慮を煩《わずら》はす」と演説している（《公文雑纂》纂一三三三）。ここでの称号とは、〇〇神宮・××神社という際の神宮・

神社の部分、いわゆる社号のこと。原の言葉は、神社の創立を内務省告示で示すために最低限必要な諸事項と、予算問題に直結する神社の規模から決定していくというもの。当然の方針と言ってよい。

そして選ばれた委員たちは、この方針へ忠実に調査を進めていく。顔合わせに終始した最初の会合に続く第二回の調査会（三年一月十五日）では、社格としては官幣大社、称号として神宮を適当とした。「至貴の社号並《ならびに》社格」であるとの理由である。新たな社格の制定を求める声もあったが、採用されることはなかった。

ただし委員の顔ぶれからして、これより細かいこととなるとどうにもならない。神社の専門家ではないのだから当たり前である。現に「社名の選定に関しては、更に専門家の調査を煩はし、慎重なる審議を尽されむことを望む」と、専門家の審議に委ねてしまう。

彼らに期待されていたのは、そうした緻密な作業ではあるまい。いうなれば国民代表然として、大所高所から、これまでの論議に決着をつけることだろう。そうであるならば、発足当初の調査会へ政府からもっとも強く期待されていたことは、社格や社号の確定でも規模の概算でもなく、ただひとつ、鎮座地の選定というべきだろう。この点は奇しくも、各地で誘致運動を展開していた人びとが調査会へと抱いた希望ともまったく同じである。神社奉祀調査会はなにより鎮座地決定機関として出現したのである。

そして全方位からの期待に調査会はすぐさま応えた。社格と称号を決めたのと同じ一月十五日、早くも鎮座地を「東京府下」と決定する。まず「明治神宮は東京に」とだけ決まったのである。調査会の創設から数えて一月にも満たず、初会合から二〇日余り。しかもその大半は年末年始。素早いにもほどがあろう。

東京に決定

また「東京に」という決定など、そもそもする必要はない。調査会は鎮座地を選定しさえすればよいのであって、わざわざ数次にわたって選考の段階を設けなくともよいし、ましてその選考において、候補地をいったん特定の府（あるいは県）のみへと限定する理由などない。しかし神社奉祀調査会はあえてそれをした。

各候補地のあいだに単純かつ公正な競争が成立することはなく、東京対それ以外の各候補地という争い、そして東京内における各候補地の争いという二層の競争が繰り広げられていたことは前章で述べた。「東京に」という調査会による第一次選考――と呼んでおこう――は、まさにこのことに対応してなされたものである。すなわち二つの層のうち前者に関して、「明治神宮を東京へ！」の側に軍配を上げることで、東京以外の候補地に向け、明治神宮を断念するよう、宣告したのである。

しかもこの決定には迅速さも求められた。調査会設置にともなって候補地が再び動き出していたからである。候補地の運動は、調査会からすれば、自らの決定に影響を及ぼそうとする障害物にほかならない。誘致運動がさらに本格的に展開されれば、どういった事態に立ち至らないとも限らず、少なくとも選定されなかった候補地の声はより大きなものとなる。そうした事態を未然に防ぐべく、第一次選考は意図的に素早くなされた。議事についてては機密保持がやかましくいわれていたにもかかわらず、右の決定については、監督官庁からの委員であった水野錬太郎内務次官が、わざわざ新聞記者に明言していることも、そうした点と関係があるだろう。

それだけの効果は確かにあった。「神宮敷地決定」の記事の横には、朝日山の請願書が、虚しく掲げられている。飯能がメディアを通じて支持者を獲得しようと動き出した矢先、鎮座地は決まってしまったのである。なかには候補地として出願をしようとしたが間に合わなかったところも出ている（『埼玉新報』大正三年一月二十日など）。運動の季節はあまりに短く、東京以外の候補地は、認知されるより以前に、電撃的に死亡宣告を受けた。「明治神宮をわが町へ！」は「東京へ！」に敗れたのである。

ところで「明治神宮は東京に」という決定には理由が付されていた。明治神宮をも含む「官国幣社の鎮座地は、概《おおむ》ね祭神に由緒深き土地を撰《えら》び、単に形勝風致の如何《いかん》のみに依《よ》りて定められたるものにあらず」。「東京は、明治元年、先帝の東幸し給ひたる以来、宮城を此に営ませられ、在位四十五年の長きに、万邦具《つぶさ》に瞻《み》るの盛徳鴻業を樹《た》て給ひたるの地なり。依て先づ鎮座地を、東京府下の内に於て之を選定することと為すは、御由緒上、最も適当の事なりと思考す」（『公文雑纂』纂一三三三）。

誘致運動での争点を咀嚼《そしゃく》した上で、「風致」より「由緒」という明快な立場から東京の優越を導き、その根拠として遷都と居住を挙げ、東京へと軍配を上げる。ほとんど「明治神宮を東京へ！」という主張そのままである。「由緒」として説明された東京と明治神宮とのあいだの特別な関係は、調査会を通じて国民の合意となっていく。「東京へ！」の勝利は「由緒」の勝利でもあった。

代々木に決定

だがこれで鎮座地が決まったわけではない。「東京府下」の候補地のなかから絞り込む作業が残っている。引き続き第二次選考がはじまった。

明治天皇の死の直後には実に多くの場所が話題に上ったが、意見書が提出されるなど、実際になんらかの行動がなされた東京の候補地となるとかなり減少する。おそらく青山練兵場跡地、代々木（正式には南豊島《としま》）御料地、陸軍戸山学校敷地、そして御嶽《みたけ》山あたりだろう。神社奉祀調査会は、このうち前の三ヵ所と白金《しろがね》火薬庫跡について、検討の対象としたようだ。「由緒」に基づいて「東京に」と決めた以上、東京の中心部から五〇キロ強離れている御嶽山はさすがに苦しかった。

そして大正三年二月八日には南豊島御料地と陸軍戸山学校敷地・青山練兵場跡地へ実地

視察を行う。踏査に参加した原敬内相は、日記にこう記している。「代々木は幽邃閑雅《ゆうすいかんが》とも云ふべき地にて最も適当なりと一同賛成の意を洩《も》らせり」。すぐにこのことを阪谷芳郎市長も聞いたのだろう、彼は翌九日に例の弁護士・角田真平へ書翰を送っている。内容はもちろん「明治神宮の礼」である（「阪谷芳郎日記」未公刊分・国立国会図書館憲政資料室蔵《阪谷芳郎文書》）。

一週間後の二月十五日に第四回の会合が持たれ、全会一致で代々木と決定した。神宮の鎮座地は南豊島御料地との結論が出されたのである。理由は以下のように記されている。

恭《うやうやし》く惟《おもう》に、南豊島御料地は、東京近郊に於ける最も広闊幽邃《こうかつゆうすい》の地たり。殊に御苑林《ぎょえん》泉の美は自ら神域たるに適し、其《そ》の位置市街に接し、而《し》かも塵寰《じんかん》を隔てて、全く別天地を画するの観あり。即ち、御苑と共に此《こ》の御料地を以て、神域と定めらるるは、最も其の宜《よろし》きに適したるものと思考す。（《公文雑纂》纂一三三三）

これによれば、代々木が選ばれたのは、もっとも「広闊幽邃」であったから。原敬内相の日記中にもあったように、ここで候補地の優劣を判断する基準として働いているのは、土地の歴史的沿革ではなく、「幽邃」といった土地の自然に対する評価であり、先の言葉で言えば「由緒」ではなく「風致」にほかならない。

すなわち「東京府下」の候補地のなかからひとつに絞られていく過程では、第一次選考で否定されたはずの「風致」が見事に甦《よみがえ》り、代々木を最適としているのである。そもそも実地踏査という選考手段からして、「風致」という基準に適合したものであるだろう。

「由緒」と「風致」の使い分け

わが候補地こそもっともすぐれていると競い合った誘致合戦において、「由緒」と「風致」は、そのすぐれている所以《ゆえん》を説明する際の二つの中心的概念であった。よってその二つの原理によって選ばれた代々木という土地は、総合的にもっともすぐれていた――そうした見方もできなくはない。

だが、代々木がもっとも「広闊幽邃」なのは、「東京近郊」という範囲内でのことであり、「別天地」のごとき印象は「市街に接し」ているにもかかわらず、とのことだった。いずれも「東京府下」という制限があってはじめて成り立つものである。「東京府下」で最高の「風致」と言っているわけだ。

すべての候補地のあいだで単純かつ対等な競争が成り立っていたならば、「風致」だけを理由に代々木が選ばれることなどまずあるまい。箱根や富士山が代々木に劣っているといえるだろうか？「風致」を主とするならば飯能の朝日山と、伊東忠太が述べていたことも思い出しておこう。しかし競争はそうした形にはなっていなかった。そして東京対それ以外の候補地との競争についてはすでに決断がなされた。すると残る争いは東京内でのもの。かくて安心して「風致」を云々《うんぬん》することができるようになり、そして代々木が選ばれた――このようにたどってくれば、代々木が総合的にもっともすぐれていたという先の見方は、ややナイーヴに過ぎるだろう。

かといって、「覚書」作成の中心人物でもあった渋沢栄一の委員就任、そして「覚書」に記されたものとまったく同じ敷地の選定――そこを強調して、決定の背後になにものかを読み込むのも、いささか行き過ぎだろう。「覚書」はそれ以前にやはり圧倒的な力を持っていたのだから。

ただ確かなのは、東京の内と外とでは、対照的な原理に基づいて選択がなされ、むしろそのことではじめて「覚書」に記されたのと同じ代々木という場所が、候補地から予定地へとなったということである。そしてこうした内と外との使い分けにより、代々木が郊外の山々と「風致」の優劣を競うこともなく、また代々木の「由緒」は青山や戸山と比べてどうなのか、深く追求されることもなく済んだという事実である。つまり「東京へ！」対「わが町へ！」という構図で競争がなされたということ自体、東京の代々木へと有利に働いたということである。

もっとも調査会決定後もしばらくは不満が燻《くすぶ》り続けた。また調査会の決定はそのままでは政府の意志とはならず、再考の余地も皆無ではなかった。

くすぶる不満

調査会決定のあった翌月である三月の末には、阿波松之助《あわまつのすけ》が記した『明治神宮経営地論』なる意見書が、阪谷芳郎市長のもとへ送付される(《明治神宮に関する書類》)。阿波は大阪の人。小橋勝之助《こばしかつのすけ》や林歌子《はやしうたこ》の尽力で有名なキリスト教系の慈善団体・博愛社への協力、あるいは明治時代の保守的政治家として名高い佐佐木高行《ささきたかゆき》の伝記『明治聖上と臣高行』(自笑会、一九二八年)に助力していることでも知られる。またこの意見書を阪谷へ送付したのは巌本善治《いわもとよしはる》。明治女学校の創設や『女学雑誌』の発刊など、女子教育家として著名な人物である。巌本は「問題尋常ならず」と考えて発表させずにおいたと送付状で記している。

意見書に記されているのは、主として代々木御料地と青山練兵場という土地の来歴である。代々木はかつて彦根藩の下屋敷であった。「井伊掃部頭《いいかもんのかみ》輩の足跡を以て汚したる其下《そのした》屋敷跡を奉ずるに忍びんや」。掃部頭はもちろん直弼のこと。孝明天皇の勅許なく条約調印を実行した人物とのゆかりを指摘することで、代々木は明治神宮の敷地として不適当であるとする。さらにこの二つの地が明治五十年記念の博覧会会場に予定されていたことを思い出させ、こう言い募《つの》る。

昨は博覧会会場に適せりと断じ、今は神宮として申分《もうしぶん》なしと論ず。か丶る間に合せ論者は、今後此地《この》を以て、更に何物にも間に合せんとするならん。か丶る論者は、博覧会と神宮とを同一の性質として、等しくお祭騒《まつりさわぎ》を演ずるを最上の目的とするならん。実に言語同断《（ママ）》なり。

明治天皇とその土地との関係という「由緒」ではなく、その土地そのものの来歴を言いはじめたら、東京の候補地はどれも厳しくなる。朝日山のように「清浄無垢」なる土地ではないのだから。そして彦根藩の下屋敷であったことも、博覧会会場に予定されていたことも、誤りではない。とするならば、これは、明治天皇との「由緒」で選ばれた東京の土地に対して、その土地の「由緒」から攻撃しているものというほかない。「由緒」の逆襲といってよい。

かように「由緒」は諸刃の剣でもあった。諸刃による怪我《けが》を避けるには、危険な面へ触れなければよいだろう。こうして土地そのものの「由緒」については、傷となりかねないものを排除して、選択的に語られていくようになる。彦根藩の下屋敷であったことよりも、好んで加藤清正の井戸の話が繰り返されるように。なお、この意見書は正面から応えられることなく、いずこへか葬られた。

姿を現す明治神宮

鎮座地を決めた途端、神社奉祀調査会は一変する。新たに各界の専門家を加え、鎮座地以外の調査をはじめる。いつどこにだれがどのようにつくるのか？　不確かだった神宮の姿が、創建する場所が決まったことで、見えはじめてくる。

神社奉祀調査会の改組

調査会の決定はそのままでは政府のものにはならない。代々木を鎮座地へと選定した二日後の大正三年二月十七日、南豊島御料地を所管する宮内省へ照会している（《公文雑纂》纂一三三二）。ちょうど一月後、宮内省が差し支えない旨を回答してきた。次いで四月二日に無事上奏を経る（《公文類聚》類一一九四）。

ここに代々木に神宮を建設するという見解は、政府のものとなった。数多く現れた候補地はここで完全に消滅する。これ以後に現れてくるのは、代々木なる明治神宮を前提として、分祀なり分社なりを試みる運動となるが、それが本格化するのは明治神宮ができてからになる。なお、政府決定といえどもいまだ正式な公表には至らなかったこと、以前に神宮創建の上奏を経つつも「内定」にとどまったがごとし。

このように神社奉祀調査会の調査結果を、政府決定へと変換していく作業が行われた一方、調査会の抜本的改編がなされた。

まずは新規委員の補充（一五五頁の表4）。増員した人数だけからいっても、その影響力は小さくない。しかも新たに加わった顔ぶれは、当初からいた人びととはまったく異なる。歴史家や建築家である東京帝大教授など、文字通りその道の専門家ばかりである。そして阪谷芳郎東京市長も混じっていた。

またこれにともなって組織も改まる。調査会の内部へ新たに特別委員会が設けられた。新加入の委員はほとんどがこちらにも属したのに対し、旧委員からはひとりも入らない。調査会の活動の中心は、専門家からなるこの特別委員会へと移った。またこれにより、いままでの調査会は総会と位置づけられ、委員会の提案を承認する場となる。会合の日程を見るだけで、この役割交替は明らかだろう（一四七頁の表3）。渋沢栄一ら当初の委員たちは、鎮座地を決め、あとは専門家からなる委員会へと任した。そしてこの委員会の長に就いたのが阪谷芳郎である。襷《たすき》は渋沢から阪谷へと渡された。

ただし委員の大規模な補充にもかかわらず、そのなかに神職の姿はなかった。これにあわせて置かれた事務嘱託として、今井清彦ら神社関係者の名前が現れるのみである。明治神宮へつながる線上に神職が登場してきた一方で、それは正規の委員という形ではなく、補助としてであった。神社をつくることに関し、神職が専門家であるとは必ずしもいえまいし、神職がいなくとも神社は建つだろう。しかし神職の団体である全国神職会の会長すら委員へと送り込めないあたりに、このころの神職たちの「政治力」を窺《うかが》い知ることができるだろう。明治神宮の創建において神職の果たした役割は、極めて限定されたものであった。

さて神社奉祀調査会の改組がなされた直後の大正三年四月十日、明治天皇の皇后であった昭憲皇太后が亡くなった。特別委員会が最初に着手したのが、これにまつわる問題であった。調査の結果、昭憲皇太后を同殿異座という形で合祀することとなった。要するに明治天皇の神宮から、明治天皇夫妻の神宮へかわったことになる。なお、これにともなって官制第一条も「明治天皇及昭憲皇太后の奉祀に関する事項」と改められた（勅令第一八五号）。

この昭憲皇太后の合祀問題を皮切りに、特別委員会は次々と調査を完了させていく。その一覧を先に記しておこう。

社名、例祭日、例祭日勅使発遣、社殿・附属建物の種類・坪数、社殿の様式・材料、神座《しんざ》装飾、神宝《しんぽう》、殿舎《でんしゃ》装飾、境内・参道、境内保護取締、境外道路、神宝（宝物）殿、外苑施設、経費

これらはそれぞれに興味深い点も少なくない。だが以下では、これらのうち、三つの決定、すなわち社名、社殿の様式、そして外苑との関連に絞って、見ていくことにしよう。なお、本節の記述は別に注記のない限り、特別委員会の報告書（《公文雑纂》纂一三三三）による。

東京神宮でなく明治神宮

まずは社名。構想が浮上してきた当初から明治神宮と呼ばれており、最終的にもその通りになった。「強ひて別の名称を選定したりとするも終《つい》には明治神宮の称に圧せらるるに至るべし」との現実追認の態度があったことも間違いない。ただし社名の決断には、少しだけ飛躍が要った。明治神宮というのは、神社の名前として、異例であったからである。

社名は、三上参次《みかみさんじ》・萩野由之《はぎのよしゆき》・荻野仲三郎《おぎのなかさぶろう》という三名の歴史家委員を中心に検討された。神社の名前としては、鎌倉宮・筥崎宮《はこざきぐう》などのように、地名を冠するのがひとつの形である。よって当然、東京神宮案が出た。これは橿原《かしはら》神宮や平安神宮のように、宮城《きゅうじょう》所在地にち

なむ名称と見ることもできる。しかし東京神宮は「限局的」で、「首府にして又《また》御縁故深き所なりとは云へ、尚《な》ほ一地方に偏奇《へんき》するの嫌《きらい》あるを免れず」との理由で消された。東京中心であるとの批判を、国家・国民と結び付くことでようやく潜《くぐ》り抜けた神宮は、東京にありながら東京のものであってはならなかった。いまさら東京神宮などとつけられようはずがない。

代々木神宮との案も出た。だがこれは東京より「狭小」であり、不可となった。千代田神宮説は、出所が明らかでない、千代田と代々木は異なるなどと散々けなされ、否決された。結局のところ消去法で明治神宮へと落ち着く。

地名を冠さぬことについて、三上らは、「時代の変遷に伴《ともな》ひ、神社に対し先《ま》づ祭神名を知ることの必要となる今日」にあっては、祭神名を社名において示すことが至当であると論じる。明治初年に全国的に神社明細帳が作成され、これにより、すべての神社は、名前を有するなんらかの神を祀るものとされていく。神社の中心に祭神が位置するようになったと言い換えてもよいだろう。このような祭神を中心とする神社像は、「風致」よりも「由緒」――すなわち祭神との関係――を上に置く態度とも合致する。三上らは、そうした変遷を積極的に肯定し、それに対応した新時代の神社名として、明治を選んだ。明治神宮の明治とは、なによりもまず祭神である明治天皇の明治なのである。明治神宮はモダンな名前だったのだ。

「新例」と「先例」

ただしモダンであるからというだけで明治と決まったわけではない。そこは歴史家の関わった作業である、「先例」の調査も怠りない。

祭神名を冠した神社はあるのか？　ある。伊弉諾《いざなぎ》神社、生国魂《いくくにたま》神社、大山祇《おおやまづみ》神社などがそうだ。これらは自称ではなく、その点で明治という追号と同じ性質のものである。

追号を神社名などに使ってもよいのか？　諡号《しごう》と異なり、追号ならなんら問題ない。嵯《さ》峨《が》・醍醐《だいご》・村上をはじめ、地名や寺院名としてあまねく使われているではないか。萩野委員の意見はこうである。

謹《つつし》みて按《あん》ずるに、明治天皇の御追号は右の三類〔在所名などの「先例」――山口注〕に超越して、御治世の年号によらせられしものなれば、全く新例なれども、これを神宮の号に用ゐられんこと、決して不敬に渉《わた》らず、失当にもあらずと思惟《しい》する所以《ゆえん》なり。

明治神宮という名は「新例」であるかもしれない。しかしその「新例」にも探せば「先例」はある。そして「新例」への跳躍は、すでに年号であった明治を追号としたときになされており、それが「先例」となっていた。明治神宮への飛躍など、物の数ではなかったろう。

「新例」と「先例」とのこの複雑な絡みあいは、このほかにもしばしば見られた。例祭日などがそうだ。

神社の例祭日については、そもそも一定の通則はなく、「新に之《これ》を決定せらるるの他なし」と特別委員会はいう。神社に固有な祭典のうち、ひとつを選んで例祭とするのは明治以後のことであるし、それ以前は祭日が固定しているとは限らず、そもそも太陽暦の採用にともなって暦自体が別ものになっていた。通則がないのは当然であろう。「新例」を切り拓《ひら》くしかない。そして選ばれたのは十一月三日。明治時代の天長節、すなわち明治天皇の誕生日である。亡くなった七月三十日、すなわち明治天皇祭の日ではなく。

だがこの「新例」も「先例」によってはじめて正当なものとされる。橿原神宮例祭が、神武《じんむ》天皇祭の四月三日でなく、紀元節の二月十一日という「先例」によって。ただし「先例」と仮に認めるとしても、わずかに四半世紀ほど前のモダンな「先例」ではあったが。

こうして明治神宮においては、例祭日という形で、明治時代の天長節を保存していくことになる。このことが明治節の制定に寄与したところは少なくあるまい。なぜなら、大正時代に明治節はなく、十一月三日は平日であり、休日となったのは七月三十日の明治天皇祭であったのだから。度重なる請願運動に応じて十一月三日が明治節となるのは、昭和二年（一九二七）のことである。明治天皇祭と入れ替わるように設けられた。

社殿は流造で

「新例」と「先例」をめぐってさらに興味深いのが、社殿の様式をめぐる議論である。

主として調査に与った委員は伊東忠太と関野貞《せきのただし》の二人。伊東忠太は、築地本願寺をはじめ数々の作品で知られる建築家。「風致」でいうなら朝日山との議論をした人物として、すでに本書へも登場した。関野貞は当代を代表する建築史家。一般には喜田貞吉《きたさだきち》とのあいだの法隆寺再建・非再建論争で知られていよう。関野は非再建論の立場であった。このほか、補助を務める事務嘱託として、耐震構造論で有名な佐野利器《さのとしかた》、あるいは内務省に勤務し札幌神社（現在の北海道神宮）など数多くの設計を手掛けた安藤時蔵らがいた。さすがにこれ以上ないといってよいほどの顔ぶれである。

争点は二つあった。

一つ目は、明治・大正の新様式でつくるかどうかというもの。言い換えれば「新例」を生み出すか、それとも「先例」に則るかという選択である。

関野は「先例」をとる。なぜなら社殿の様式は祭式によって定まる。明治神宮の祭式はこの年三月の官国幣社《かんこくへいしゃ》祭式（内務省令第四号）に規定され、これは古来の祭式にしたがっている。よって古来の様式でいくべきだ、と。「官国幣社祭式」と古来の祭式との関係など、疑問点がなくはないが、明快な意見ではある。

伊東も結論は同じである。だがそこへと至る道筋は異なる。「社殿建築の新様式を創造するは理に於《おい》て不可なきに似たり」と、「新例」の創出を理論的には否定しない。だが実際には、はなはだ困難であるとし、古来の様式を是とする。伊東がこうした遠まわりな表現をしているのは、実はこの作業がかつての自説を覆《くつがえ》すことでもあったためである。大正元年八月五日の『国民新聞』で伊東は明治神宮についてこう述べていた。「後世の人をして明治時代の観察を遺憾なからしめん為《た》めに、形や構造や装飾の上に現代の芸術の最善を尽した明治新型の建築を実現したいものである」、と。伊東の議論は、自らの見解が現実の前に潰《つい》えていく様を語ったものでもあった。

理由についてはともかくも、関野・伊東の両巨頭は「先例」に則るというところは一致した。すると自動的に二つ目の争点、「先例」とはなにかが問題となってくる。

「先例」は、単一の通則といった形ではなく、建築史の研究から抽出された複数の様式からなるものとして定式化されていた。いまでも使われている大社造《たいしゃづくり》、神明造《しんめい》、権現《ごんげん》造、流《ながれ》造……といったものである。そしてそれぞれにつき詮議を加えていく。

出雲大社の大社造などは「一地方又《また》は特種の神社」に限定されるから不可。伊勢神宮に代表される神明造は、「形式余りに簡古に過ぎ」、鬱蒼たる老樹のなかに配置されないと価値がなく、明治神宮には適さない。日光東照宮などの権現造は、「神仏混淆《こんこう》の様式」であ

図14　完成した明治神宮本殿

るから不適当。かくて流造が残る。

流造は、平安朝以来今日に至る迄《まで》、全国一般に行はれたる最《もっとも》普通の様式にして（中略）神社建築中最体裁を得たるものなり。／流造は国民一般の趣味に適合し、社殿として最相《ふ》応《さ》はしく感ぜしむる。

要するに普通が一番ということであり、普通であるとは、特定の地域色に染まることなく、国民一般の嗜好に合致しているというのである。そしてもっとも普通の様式が、流造だったわけだ（図14）。

社殿の様式を選択するというモダンさ

新様式を否定した上に行き着いた先がもっとも普通の流造とあっては、社殿に関して明治神宮がモダンであるというには無理がある。確かに流造には、「明治大正の新手法」を加味できる余地が豊富にあるとも付け加えられており、「新例」をすべて封印したわけではなかった。ただそれしきの「新例」でモダンな神社というのは、さすがに憚《はばか》られる。

ただしその結論への過程は、ある意味でこれ以上ないくらいモダンなものと言えるのではあるまいか。あたかもカタログのなかから、ああでもない、こうでもないといって、ひとつの品物を選ぶがごときその態度である。「政治制度上、大なる変動ありしときは時代精神もまたこれに応じて大なる変動を閲《けみ》し、建築の様式もしたがって一変するを常とする」（関野貞『日本建築史』、同『日本の建築と芸術』上、岩波書店、一九九九年。初出は一九三四年）。そうしたいわば時代に埋め込まれていたはずの様式を、その周囲とは切り離し、一覧にして並べ、そしてそのなかから「自由」に選び取ることができるという態度である。出雲大社をつくった古《いにしえ》の人たちにも、また江戸時代の職人たちにも、おそらくこんな「自由」はなかった。こうしたことは、様式がすでに過去のものになっていると考えられてはじめて可能になる。様式が埋め込まれていた時代は終わったというこの発想をモダンといわずして、なんのモダンぞや。

社殿の様式をめぐり、明治神宮のモダンさの本領を遺憾なく発揮したのは、いくつかの様式を取り上げ、そのなかから選ぶという選考方法、すなわち社殿の様式を選択するということそのものであった。いかにその結末が、これ以上ないほどに無難なものであったとしても。

外苑も「覚書」の通り

さて外苑について神社奉祀調査会はいかなる決定をしたのだろうか？外苑は、渋沢栄一・阪谷芳郎らによる「覚書」独自の案であった。その骨格をもう一度確認しておこう。①神宮は内苑と外苑とからなること。②内苑は国費によって国が、外苑は献費によって奉賛会が造営すること。③内苑には代々木御料地、外苑には青山練兵場を最適とすること。④外苑には記念宮殿・陳列館・林泉等を建設すること。

この計画の通りならば、民間で奉賛会を組織し、寄付金を集めて記念事業を遂行していくわけで、神社奉祀調査会にできることは意外に少ない。外苑をつくるという事業の承認と、場所の確保ぐらいだろう。

そして結論からいうと、調査会はその限られた作業を的確に行った。しかも①〜④のすべてが実現できるような形で。「明治天皇奉祀神宮創建に伴ひ、国民奉賛の誠意より資を献じ、頌徳《しょうとく》記念の建造物及《および》外苑を設けんとするの請願あり。政府は之《これ》を容《い》れ、其《そ》の献納の資に依《よ》り、大体左の方法に依《より》て経営するを適当なりと思考す」。場所は「青山練兵場跡」。「費用は全部奉賛金を以《もっ》て支弁」する、と。なお、内苑と外苑とを結ぶ道路は地方団体、この場合は東京市が負担する。

ただしこうした方向は、特別委員会が組織され、阪谷委員長のもとになってはじめて示されたのではないようだ。阪谷が、山本権兵衛首相から、「神宮位置、青山・代々木と認め居らる丶もの丶如し」と聞いているのは大正三年一月七日。神社奉祀調査会はまだ一度きりしか開かれておらず、鎮座地の決定すら見ていない時期のことである。さらに五月一日、最初の特別委員会で早くも「代々木、青山、神宮予定地を視察」している。青山や外苑をどうするかは今後の調査に待っていたはずの時期である（『阪谷芳郎東京市長日記』）。こうしたことから、むしろ代々木御料地を鎮座地と決定する段階で、すでに外苑も建設するという合意があったと考えるのが自然だろう。いずれにしろ「覚書」の中心にしてもっとも独創的な点である内苑‐外苑という計画を、神社奉祀調査会はそのまま受け容れたことになる。この部分に関して言えば、調査会はもっぱら「覚書」を承認し、具体化しただけとすら言い得る。

社格や社殿の様式、そして外苑計画をはじめとした特別委員会による調査報告は、そのまま神社奉祀調査会全体の調査結果となっていく。そして「憶出《おもいで》多き」（「明治神宮奉祀確定」『竜門雑誌』第三一八号）十一月三日、そう三年前まで天長節であった日、調査会は最後の会議を開き、調査はひとまず終結を見る。

明治神宮の出現

明治神宮造営奉仕の記念写真（『明治神宮御造営工事奉仕写真帳』大正11年）

調査から造営へ

大正三年(一九一四)の七月には神社奉祀調査会の主だった調査は一段落した。次いで実際の造営作業へと進んでいく。この過程にも興味深い事態はたんとある。ただ一方で、計画の実施と、それにまつわるさまざまな事件の発生という基本線から外れるものではないと言えなくもない。ここでは、あえて後者のように考えることとして、駆け足で、それもかなり全速力に近い駆け足で、その様子を見ていこう。

内苑―政府―明治神宮造営局
外苑―民間―明治神宮奉賛会

調査会の決定を受け、政府はその実施へと踏み出す。そのうち昭憲皇太后の合祀《ごうし》や社名については、若干の曲折はあったものの、上奏を経た。そして大正四年五月一日の内務省告示により、長かった「内定」の期間を終え、正式に明治神宮の創立が発表された。明治天皇と昭憲皇太后を代々木の地に祀る官幣大社《かんぺいたいしゃ》の創立である。

またこれにともない、調査会にかわって神宮の造営を担当する機関が、内務省のなかに設けられた。明治神宮造営局である。明治時代にいくつかの神社が国費によって創建されたが、そのために特別の部局が置かれたことはなく、強いて言えば、伊勢神宮の式年遷宮《しきねんせんぐう》のため、造神宮司《ぞうじんぐうし》庁《ちょう》が設置されたことがあるのみ。明治神宮の造営が、これまでの神社創建とは次元を異にする事業であったことはここからも分かる。なお、調査会の段階では、予算を、社殿に三〇〇万円、その他土木工事に四〇万円の計三四〇万円と見込み、これを大正四年度から六ヵ年の継続事業として支出、初年度は七〇万円と計画していた。

以上はすべて内苑についてである。これに対して外苑は、土地だけ確保され、民間に委ねられた。こちらも調査会が結了してしばらくした大正三年十二月十四日に設立発起人会が開かれた。「創立準備委員の指名は渋沢男《だん》（男爵）、阪谷男、中野会頭に一任せんことを発議し、満場之に同意」（《明治神宮に関する書類》）。会の様子はかつて「覚書」を一任したときそのままのようであり、要するに「覚書」を作成し、「明治神宮を東京へ！」という運動の中心に立った人たちが、そのまま外苑造営のための組織の中心へと横滑《よこすべ》りしたということである。

これについて内相に向けてはこう説明している。「従来東京府市に限られたる有志委員会」を、いったん解散し、「全国に渉《わた》りたる明治神宮奉賛会を発起すること」に決したのである、と。明治神宮が東京にありながら、東京のものであってはならなかったように、それをつくる組織も、かつてのように、東京だけのものであってはならなかった。発起人の呼びかけや趣意書の作成などさまざまな準備の後、大正四年五月十五日に創立準備委員会が持たれ、以後はこの明治神宮奉賛会が外苑造営を担当していく。総裁には伏見宮貞愛《ふしみのみやさだなる》親王《しんのう》を戴いた。

だが奉賛会は外苑造営をなにからなにまで取り仕切りはしなかった。大正六年八月には外苑造設事業を明治神宮造営局へと委嘱している。では、奉賛会はなにをしていたのか？

外苑と東京の金銭的関係

繰り返しになるが、内苑は国家が、外苑は国民が建造するものとされていた。財源もそれに応じて、内苑は国費で、外苑は国民からの寄附で賄《まかな》われる。明治神宮奉賛会が作成・配布した「明治神宮外苑計画考案」はこう訴える。神宮は森厳荘重でなければならず、建造物を数多く立てるわけにはいかない。社殿や宝物殿があるとはいえ、「国民の至誠は尚《な》ほ望蜀《ぼうしょく》の念なき能《あた》はず」。そこで「宜《よろ》しく別に一区を設けて茲《ここ》に広大なる外苑を作り」、遊覧できるような諸施設をつくれば、「明治大正の盛世《せいせい》を記念せしむる」ことができるだろう、と。記念物では不十分であるから神宮をという、かつての議論を反転させ、「国民の至誠」は内苑だけでは満足できない、それとは別になにか記念を、といったときも、先立つものは資金。これは寄附金募集の呼びかけであり、奉賛会は寄附金を募集していたのである。

国費とて、もとをたどれば大部分は税金である。国民が支出したものにはかわりない。ただ税金を介しての支出は、あくまでも納税額に応じた比率でのものである。そうした比率での支出のみでは自らの「至誠」の表現として満足し得ない者が、それを示すことを可能にするもの――それが寄附という行為である。内苑だけでは物足りないという国民が外苑をつくるのである、寄附ほど似つかわしい出資法はあるまい。

寄附金を集める側に立つ奉賛会は、当然のことながら計画を立てる。そうした計画案はいくつか残っている。ここでは大正五年一月十四日のものを見やすくして掲げておこう。

一、御下賜金	（空欄）
二、東京府内（本会と支部と共同）	二〇〇万円
三、東京府以外の府県	二五〇万円
四、殖民地	二〇万円
五、海外	二五万円
計	四九五万円

事業予算を約四百万円と見込み、そのうちの半額を東京が負担するというのが基本とな

っていた。明治神宮は東京のものであってはならなかった。だがそうはいっても東京にあるわけで、やはり牽引役を担うべきではあるまいか――東京の半額負担は、こうした微妙な関係の金銭的表現と見ることもできよう。もともと東京市の公園となる予定だった土地だから、多めに被《かぶ》ったというわけではあるまい。なお、実績について述べておくと、東京は二〇〇万を超える金額を集めることに成功した。ただしそれは全体の募金額六七〇万円余からすると、半額どころか三分の一にも満たず、また目標とされた標準額に対する達成率も、全府県中最下位であった（表5）。

寄附金の集め方

　東京府以外の府県で二五〇万円を集めるとして、その内訳はどうするか？　計画は考えれば考えるほど厳密になっていく。奉賛会の支部長（地方長官が就任）へは、本部からこのような依頼がやってくる。「御管内献金総額は、金（空白）円以上と予定致居《いたしおり》候《そうろう》間《あいだ》、右御《お》含《ふくみ》の上、何卒御尽力被下度《くだされたく》候《そうろう》」。しかも（空白）のところに入る数字を全府県一律にするといった単純なことはしていない。おそらく「負担」の公平性を確保しようとしたのであろう、「各府県済生会《さいせいかい》寄附金割合に割当て、次に之《これ》を各府県地租・所得税・営業税合計額割合に割当て、之等《これら》を標準とし、猶《なお》地方の情況により多少の斟酌《しんしゃく》を加へ」た額をはじきだし、書き込む。表5の標準額の数値がそれである。

表5　明治神宮奉賛会寄付金額・府県等別一覧

道府県等	標準額	実績額	達成率	道府県等	標準額	実績額	達成率
東京府	2000000	2129628.4	106.5	奈良県	30000	48855.4	162.9
北海道	40000	71332.6	178.3	和歌山県	30000	37368.9	124.6
青森県	20000	31738.3	158.7	鳥取県	20000	30352.2	151.8
岩手県	20000	25325.4	126.6	島根県	25000	36981.5	147.9
宮城県	35000	44517.9	127.2	岡山県	40000	54744.4	136.9
秋田県	30000	42836.5	142.8	広島県	45000	64791.5	144.0
山形県	35000	54820.4	156.6	山口県	45000	64345.9	143.0
福島県	30000	42358.1	141.2	徳島県	20000	29461.1	147.3
神奈川県	200000	275057.9	137.5	香川県	25000	41267.6	165.1
埼玉県	30000	43279.3	144.3	愛媛県	45000	52296.7	116.2
千葉県	35000	50249.9	143.6	高知県	20000	22206.5	111.0
茨城県	40000	59633.3	149.1	福岡県	80000	164675.8	205.8
栃木県	35000	46788.4	133.7	佐賀県	25000	31342.6	125.4
群馬県	40000	59348.9	148.4	長崎県	35000	62010.5	177.2
山梨県	25000	61401.0	245.6	熊本県	45000	71600.4	159.1
新潟県	50000	89620.7	179.2	大分県	25000	32970.7	131.9
長野県	45000	73921.8	164.3	宮崎県	20000	23866.1	119.3
富山県	40000	51903.5	129.8	鹿児島県	25000	30561.1	122.2
石川県	40000	52511.2	131.3	沖縄県	10000	16377.7	163.8
福井県	25000	49893.1	199.6	樺太	—	9334.4	—
愛知県	100000	320120.9	320.1	朝鮮	—	141387.1	—
岐阜県	35000	48030.8	137.2	台湾	—	146554.1	—
静岡県	45000	55879.6	124.2	関東州	—	38431.4	—
三重県	45000	54553.6	121.2				
大阪府	500000	705032.1	141.0	「内地」計	4500000	6028950.8	134.0
兵庫県	200000	330914.6	165.5	「外地」計	200000	335706.9	167.9
京都府	100000	182971.6	183.0	海外	250000	396144.8	158.5
滋賀県	50000	59204.6	118.4	合計	4950000	6760802.5	136.6

千葉県ではこれが三万五千円であった。そのうち野田醬油《のだしょうゆ》（現在のキッコーマン）の茂木七郎右衛門《もぎしちろうえもん》ほか八名が一万円を寄附。そのため残る二万五千円を、国税納税額によって各郡に配分している（千葉県文書館蔵《大正元年～五年・郡長会議書類下・千葉郡役所》）。こうして寄附金額の配分は、次々に下の単位へ降りていく。行き着くところは個人であろう。

そしてあなたはいくらですと、実際に個人単位で寄附金額を決められてしまった人たちもいる。官吏である。次官会議において、大正二年度の決算表をもとに、勅任官は年俸月割額の五％、奏任官は同三％、判任官は俸給の一％と標準額が定められた（《公文雑纂》纂一三四六）。ここにおいて寄附の自発性はほとんど消滅する。なんのための寄附、そして外苑なのかということになりかねない。

ただしこの形式は、官吏たちが自ら求めたものでもあった。右の標準額制定の以前にも、官吏への寄附の呼びかけがなされた。それに対する答えとして、次のようなものがかなり見られる。「小生の出金額は、例の通、同列諸君と同額に御決定の上、先方へ御通告被成《なしくだ》下度《されたし》」（外務省記録《本邦神社関係雑件・明治神宮関係奉賛会関係》）。引用は石井菊次郎《いしいきくじろう》駐仏大使の言葉）。標準額は、横並びでという官吏たちの要請を的確に制度化した面も多分にあった。

しかし常に例外はいる。珍田捨巳《ちんだすてみ》駐米大使は千円を寄附した。次官の標準額が二十五円であったことからも、この額の大きさは瞭然であろう。なお、閣僚たちの金額は、次のようにして決まった。「総理大臣百円・各大臣五十円之処《のところ》、宮内大臣三百円の由《よし》に付、更《さら》に総理大臣五百円・各大臣三百円に改められたる由」（《公文雑纂》纂一三四六）。

寄附という行為は、外苑、ひいては明治神宮が国民の賛同によるものであることを示すためにも重要なものであり、奉賛会は、東京との関係以外でも、その点を強く意識した集め方をしていく。

まず大口の富豪による奉加帳《ほうがちょう》形式のもののみに依頼するのでなく、「総《すべ》ての階級に渉り遺漏なからんこと」を期し、零細な資金の寄附を奨励した。そしてこのことは幾多の美談を生む。結婚費用を節約して、あるいは小学生が栗を拾って売った小銭を寄附したなどと。美談には女性や子供がしばしば登場する（『明治神宮に関する美談集』一九二四年など）。また植民地からの寄附は特筆大書された。さらに海外へ渡った移民への呼びかけも積極的になされた（『渋沢栄一伝記資料』三二）。奉賛会はこうした姿勢によって、明治神宮が国民全体の賛同によってつくられることを示そうと試みたのである。

明治神宮造営の大正史

計画が立ち、資金の目処が付けば、工事に入ることになる。明治神宮造営の経過について、ここではいくつかの印象的な出来事を中心に、手短に述べることにしよう。

道が壊れ、汚職が見つかる

内苑では大正四年（一九一五）十月に、そして外苑では大正七年（一九一八）六月に地鎮祭がなされた。そしてまずは内苑が大正九年（一九二〇）に完成する。内苑は、ヨーロッパ諸国が最初の世界大戦に苦悶するなか工事がはじまり、未曾有《みぞう》の戦争が終わってようやく平和の回復がなされたころ、出現したことになる。幾人かの君主が、生物的ないし社会的な死を迎えていた時期、東亜の帝国では前君主を祀る神社を着々とつくりあげていた。

そして大正九年十一月一日に鎮座祭が挙行された。天気は曇り。この神宮の誕生を祝う

昨日の椿事
電車衝突して 重軽傷十一名
麻布霞町の交叉點で
見物人重傷
飛乗り損ねて 三名死傷す
廣小路でも 電車衝突
◇一時にドッと 押寄せた人の波
神宮橋附近に押寄せた拝観者の大群衆

図15　明治神宮に押し寄せた大群衆（『東京朝日新聞』大正９年11月２日）

べき日に、痛ましい事故が発生する。未明から大群衆が押し寄せ、死傷者を出したのである。表参道の中央道路が陥落するといったことはあったものの、これも五十万人とも言われた人出が引き起こした椿事《ちんじ》であろうと思われた（図15）。

だが事故は思わぬ方向へと波及した。工事の受注に関して、東京市会議員・市職員と業者のあいだで贈収賄のあったことが発覚したのである。表参道をはじめとした連絡道路の部分は、東京へと明治神宮ができるに当たって明確に東京市が負担することとなった数少ない個所であり、そこをめぐって汚職が発生したことになる。しかもこれが口火となって、ガス会社についても同様な事態があったことが分かり、ついには東京市をめぐる大規模な疑獄事件へと発展していく（東京府地方改良協会編『東京市疑獄史』日本魂社、一九二八年）。

関係者はきびしく指弾された。生方敏郎《うぶかたとしろう》は『東京初上り』のなかで、登場人物の一人に「神罰ですね」とまで言わせている。罪を犯した人びとが「神罰」を畏《おそ》れたかは定かでない。ただ少なくとも、発覚した暁には糾弾されることぐらいは覚悟していただろう。しかしそれが彼らの行為を抑制することはなかった。

明治神宮の参道といえども、確かに公共事業ではある。そしてそう考えれば、「利用」の余地はほかの事業と同じようにある。明治神宮を積極的に「利用」しようという魂胆《こんたん》の持ち主も、しっかりと存在していた。

青年の集団的参加がもたらしたもの

しかしこうした「不祥事」はむしろ例外的で、寄附金のほかにも、たくさんの「美談」が生まれている。各地からの献木が相次ぎ、遠くは台湾・樺太《からふと》・朝鮮・関東州からなど、その数は十万本を超えた。金銭や物品の提供は、その提供者にとって、明治神宮の造営に参加し、そしてそれをつくったのは自分であるという意識を感じ取ることのできる——そうした行為であった。そしてついにはより直接的な参加の回路も開かれた。提供するものは労働力。青年団による勤労奉仕である。

発端は大正八年（一九一九）十月。第一次世界大戦後の好景気にともなう賃金上昇と労働力払底《ふっていい》という状況下、かつての安倍郡長・当時明治神宮造営局書記官であった田沢義鋪《たざわよしはる》によって考案されたものである。すなわちこれまでの予算で賄えるかとの不安が首をもたげ、しかしこれ以上の予算増額は容易でないなか、発案されたものである。「国民の至誠」をある意味では寄附や献木というもの以上に期待され、そして実行すればそれを見事に表現し得る行為である。大正十一年末までに延人数にして十万人余が参加した。

ただしこのことは、勤労奉仕に参加した諸個人が、みな「国民の至誠」の一念のみから参加したことを意味しない。奉仕が終われば憧《あこが》れの東京見物が待っていた。宮城《きゅうじょう》や新宿《しんじゅく》御苑《ぎょえん》の拝観が特別に許可され、宿泊・食品購入・入浴料などの便宜が図られたほか、新聞社には招待を受け、名士の講演会まで聞くことができ、万一病気になっても済生会などが協力を惜しまないとくれば、行かないという手はないだろう。なお、経費は自弁だったが労賃は低廉《ていれん》ながら支払われた。

ところがこうした青年団による勤労奉仕は、明治神宮は青年によってつくられたとの印象を流布していくこととなる。そしてこのことが、思わぬ効果をもたらす。

勤労奉仕の青年団は各地から集まってきた。地域的偏りはご法度《はっと》であり、むしろ意図的に全国から集められた。そうした青年が明治神宮をつくったという印象は、これまで纏《まと》わりついてきた明治神宮は東京中心のものといったイメージを、次第に稀薄なものとしていく。明治神宮が国民のものであると意識されていくにあたり、青年による勤労奉仕が寄与したところは少なくない。

だが明治神宮と青年との結びつきは、イメージだけにはとどまらない。外苑には競技場に続き、野球場・相撲場・水泳場と、当初の計画にはなかった運動競技のための施設が次々とつくられる。そしてこうした施設を利用した明治神宮競技大会（のちに明治神宮体育大会と改称）が大正十三年には開始される。外苑は、あたかも運動公園と見紛《みまが》うばかりの姿を呈していく。そして昭和十五年（一九四〇）に計画されていた東京オリンピックの会場として、はじめはこの明治神宮外苑が予定される（橋本一夫『幻の東京オリンピック』日本放送出版協会、一九九四年）。運動施設の利用者や大会の参加者は、青年が中心であるだろう。内苑とは異なり、建造物を数多くつくることの可能であった外苑においては、実態としても、青年のためのものという色彩を強めていく。

その上、隣接する土地には日本青年館ができる。この施設は、明治神宮造営への勤労奉仕の功績に対する皇太子（のちの昭和天皇）の令旨《りょうじ》を記念し、青年団からの寄附金で建てられた。あたかも外苑の弟分とも言うべき施設であり、まさにあの場所にこそ相応《ふさわ》しい。

運動施設と日本青年館とにより、外苑と青年との結びつきはさらに確固たるものとなる。そしてこの結びつきは、太平洋戦争のさなか、学徒出陣の壮行会場として外苑の競技場が選定されたことなどでも確認することができるだろう。

絵で明治を記念する

しかしそれでも外苑の中心施設は、聖徳《せいとく》記念絵画館であった。それは外苑における位置ひとつをとっても明らかであろう。また建設の経緯から言っても間違いない。外苑が言われ出したかなり初期から取り沙汰されていたし、それどころか、博覧会時代の美術館以来の来歴があると見ることすらできる。そしてなにより明治を記念するという外苑創立の趣旨にもっともかなっていた。

ただし聖徳記念絵画館は、普通いうところの美術館とは少し異なる。ごく簡単に説明をしておくと、絵画館では、特別展が開かれたり、展示替《てんじがえ》されたりはしない。最初に掛けられた絵が、現在に至るまでそのまま展示され続けている。しかもそれらの絵は、コレクターが収集したといった代物ではない。明治天皇の事歴を絵画によって再現すべく、統一した観点から生み出され、そして奉納された絵画群――壁画と呼んでいる――だった。神社奉祀調査会において、三上参次は、「我邦にては古来絵巻物を作りて偉人一代の事績を伝ふることあり」と述べていた（《公文雑纂》纂一三二二）。これにならえば、絵画館とは、八十枚の絵からなる明治天皇一代絵巻展示館であるといえるかもしれない。

絵画館の建設が決まると、大正六年（一九一七）二月には絵画館委員が設けられた。任務は明治天皇の生涯を表すのに相応しい絵の題材を選定すること。そしてそれはすなわち明治時代を表すものと考えられていた。要するに明治を記念するのに適当な絵の題材を選ぶことである。よってその委員や顧問として、『明治天皇紀』を編纂する帝室編修局《ていしつへんしゅうきょく》の藤波言忠《ふじなみことただ》、あるいは維新史料編纂会《いしんしりょうへんさんかい》の金子堅太郎《かねこけんたろう》といった、明治（天皇・時代）を歴史としていく作業を行う機関の大物が加わっていたのは、当然のことだろう。画題の選択はそういった明治の歴史化の恩恵を受けるとともに、その一環でもあった。もっとも「史実より見れば甚だ重大なる事項なるも、絵画としては其《その》題材を取り難きにより、已《や》むことを得ず之を省略せるもの」もあるのだが。

翌大正七年一月には成案を得た。そこで五姓田芳柳《ごせだほうりゅう》（二世）が構図の作成を担当することになり、奉賛会の水上浩躬《みなかみひろみ》とともに各地を巡視する。大正十年一月、解説と考証図が付された第二成案がなった。その数は八十。はじめこれらは奉賛会の費用、すなわち寄附金を当てる予定であったが、神社奉祀調査会の委員も務めた徳川家達《とくがわいえさと》が奉納を申し出たことをきっかけに、希望者や、画題と関係の深い個人や団体・会社などに奉納してもらう計画となっていた。

この時点ですでに内苑は完成しており、絵画館の遅れは覆うべくもない。だが事態はさらに難航する。まず日本画から異論が出た。ここからもともとあった日本画と西洋画の対立が再燃、新たに和洋画の大家六名ずつからなる壁画調成委員会（川合玉堂《かわいぎょくどう》・横山大観《よこやまたいかん》・小堀鞆音《こぼりともと》・下村観山《しもむらかんざん》・竹内栖鳳《たけうちせいほう》・山元春挙《やまもとしゅんきょ》／岡田三郎助《おかださぶろうすけ》・和田英作《わだえいさく》・中村不折《なかむらふせつ》・藤島武二《ふじしまたけじ》・長原孝太郎《ながはらこうたろう》・小林万吾《こばやしまんご》）を設け、調整を試みた。しかし悪いことは重なるもの。さあ委員会を開催というとき、関東大震災に見舞われる（大正十二年九月）。

建築中だった絵画館の建物に直接の被害はなかった。しかし避難民の救護のため、足場はバラックに供され、絵画館の内部は食料貯蔵庫になるなど、工事は一層の遅滞を免れない。だがそれもなんとか切り抜け、絵画館をはじめとした外苑の工事も、大正十五年の九月には竣工。翌月には外苑そのものを明治神宮へと献ずる奉献式が行われる。内苑に遅れること六年、ここに外苑も完成を告げた。ただし絵画館についていえば、できあがったのは建物だけ。奉献式の時点で奉納されていた壁画は、八十点中わずかに五点であった。

ついに昭和へ

明治天皇を祀る神社へと奉納され、絵画館に掲げられるはずの絵は、外苑奉献式から二月ほどで大正が終わり、昭和がはじまっても、まだ描かれていた。東京市が奉納した「東京着輦《ちゃくれん》」について、東京都公文書館蔵《聖徳記念絵画館壁画奉納に関する書類》に拠《よ》りながら、見ていくことにしよう（図16）。

東京市側が絵の奉納を決めたのは大正十三年十二月のこと。市参事会では市長から、

図16　小堀鞆音作「東京着輦」(聖徳記念絵画館所蔵)

「東京市は輦轂《れんこく》の下《もと》に在《あ》り」やら、「都を本市に奠《さだ》め給ふたる明治天皇陛下」などと、かつての「由緒」論そのままの説明がなされ、画家には、壁画調成委員会が適任とした尾竹国観《おだけこっかん》が予定されていた。しかし市会において、「一流の画家をして執筆せしむること」との付帯決議がなされ、代わって小堀鞆音《こぼりともと》に依頼した。謝礼は一万円で、契約時・下絵決定時・完成時と三回に分けて支払う。これは明治神宮奉賛会の設けた指針にしたがったもの。なお、小堀はこのほか「二条城太政官代《だじょうかんだい》行幸」と「廃藩置県」も担当しており、一人で三枚を担当した唯一の人物であった。

だが一流の画家に依頼したせいだろうか、作品はなかなかできあがらない。度重《たび》なる催促に、小堀はこのように答えている。「本年末位迄《くらいまで》の猶予あらざれば完成不能なり」（昭和四年三月十六日）。「如何《いかに》努力を費すも、来年三月頃に至らざれば完成せざるならん」（同年十二月三日）。「構図に尚《なお》研究を要する箇所ありて之が調査の為、目下京都に旅行中」「昭和六年中に完成致したし」（昭和五年十一月十七日）。最後の催促の一月ほど前、十月十四日の『報知新聞』にはこうある。「神宮十年祭を控へ半数も揃《そろ》はぬ絵画／聖徳記念絵画館の奉献画に非難の声が高い」。小堀はまだ多数派だった。

昭和六年中には完成させたいという希望は、その年十月の小堀鞆音の死によって妨げられた。この一大事に対して、鞆音の子息である小堀明・安雄の二人が、これを継承し、父の門弟らと協力して鞆音の名において遺業を完成させたいと申し出た。これが通り、「東京着輦」は次世代へと引き継がれる。もっとも明・安雄たちとて暇ではない。昭和七年七月の催促には、いま「二条城太政官代行幸」を描いており、それが完成次第、取り掛かると回答している。

遅延を重ねつつも、「東京着輦」はなんとか昭和九年中に完成、十月一日に搬入された。すべての絵が揃うにはもうしばらくかかる。壁画完成記念式が開かれたのは昭和十一年（一九三六）四月二十一日。二・二六事件からほぼ二月後のことだった。内苑竣工から十六年、外苑のそれからでも十年が過ぎようとしていた。

その間に世間は大きく動いていた。明治神宮とて例外ではない。とりわけ外苑における建造物の増設は目に見える形でその様相を変えた。むしろ明治神宮は、鎮座祭や奉献式をはさんで常に変化し続けていたとすらいえるかもしれない。

ただしそのあたりのことを「明治神宮の出現」という言葉では語れまい。もし必要なら、別の言葉と別の機会を用意しなくてはならないだろう。

明治神宮とはいったい何であるのか――短めの終章

序章で掲げた三つの疑問をまだ覚えておられるだろうか。次の三つである。

なぜ神社がつくられたのか？　なぜあそこにあるのか？　どうして外苑があるのか？

この終章では、これらに対する回答という形をとりながら、「明治神宮とはいったい何であるのか」というより大きな問いへと迫ってみたい。

なぜ神社がつくられたのか

これについては、「明治天皇陵を東京へ！」という動きが潰《つい》えるなか、天皇陵の代替物として神社が「発見」されたこと、すでに明治を記念しようとするさまざまな事業が考案されており、このことがそうした「発見」を容易にしたこと、そして神社が外苑をあわせもつことで、それらの記念事業を束ねる役割を果たしたことなどを見てきた。また数こそ多くはなかったものの、神社造営への の反対があったなどにも触れておいた。

陵にせよ、神社にせよ、明治天皇の死後についてのものである。制度にいささかの不備があったとはいえ、規定がなにもなかったわけではない。遺体は陵に、霊は宮中三殿のうちの皇霊殿《こうれいでん》へ、と。よって明治神宮の創建とは、これら二ヵ所以外に死後の居場所をつくりだしたものということになる。するとこうした問いがおのずと浮かぶ。伏見桃山陵と皇霊殿だけではなぜいけないのか？　この二つではなにが不足なのか？　のちに短期間ながら神社奉祀調査会の会長も務めた大隈重信は、このように述べる。

素《もと》より宮中に置かせられては、毎年七月三十日崩御の日を以て御祭典を行はるべく、桃山の御陵墓に於ても御祭典あるべきも、宮中も御陵墓も下万民《しもばんみん》は入る事は許されず。されば下万民は、御宮を造営して御祭典を行ひ、聖徳を記念せざるべからず。（『報知新聞』大正元年八月三日）

宮中や国家の立場からいえば、明治神宮など必要ない。陵をつくり、宮中で祭典を行っていけば十分なのであり、神宮は、陵や宮中へ容易に近づくことのできない「下万民」、いうなれば一般国民のためつくるのだ、と。国民のための神社！　そして運動の発端から寄附金や造営への奉仕まで、確かに国民によるものであったし、またそのことは強烈に意識されていた。国民による神社！　神宮創建を大正天皇が決断する場面においてすら、繰り返されるのは国民という語であった。国民による国民のための神社！　少なくとも、明治神宮をつくりだすことへと携わった者にとってはそうであった。

そして国民が天皇に近づくことのできる施設が明治神宮であるとするならば、天皇を神として祀《まつ》ることは、国民と天皇との距離を広げるどころか、かえって接近させることとなる。明治神宮の鎮座祭において、牛込区長はこう述べる。「既に宮中・皇霊殿に祭られ給《たま》へるを、今日は更に我日《わがひ》の本つ《もとの》国の首府なる代々木の地に、皇国の鎮《しず》め守りとして、世界の鎮め守りとして、鎮まりまし給ふ」（東京都公文書館蔵《明治神宮鎮座祭奉祝会関係一件》）。明治前期に巡幸によってしばしば人びとの前に姿を現しながら、次第に御真影という複製によるほか、ほとんど接することのできなくなっていった明治天皇は、死してのち、皇霊殿といういわば閉ざされた空間から、首都・東京へと引き出されたのである。

こうした特徴は、ほかの神社と比べるとさらにはっきりする。靖国神社の宮司を長く勤めた賀茂百樹《かもももき》はこう述べている。「明治神宮が先帝陛下を欽慕《きんぼ》し奉る国民の至誠に依《よ》つて造営せられたものであるのに対して、この靖国神社は、却《かえ》つて天皇の国民をおぼし召す御仁慈《じんじ》に依つて建設せられたことであります」（「明治神宮と靖国神社」『有終』一〇一、大正十一年二月）。過度に単純化したものではあるし、靖国神社について記述がすべて適切とも思えない。だが少なくとも、東京へつくられたモダンな神社の双璧ともいうべき両社を考える際、国民によるといったことが重要な意味を持つことを指摘した点は、慧眼《けいがん》というほかあるまい。そしてこのことは、現在この二つの神社に注がれるまなざしの差を考える上でも、示唆するところがあるだろう。

どうして外苑があるのか

これについては、数多く構想された記念事業を実現する場として外苑が不可欠な空間であったこと、それが一面では神社創建への批判を弱める効果を持ったこと、さらに外苑の出自を遡っていくと、明治天皇即位五十年を記念して開かれる予定であった博覧会へと行き着くことなどを述べておいた。外苑ができた事情についてはこのように理解できるとして、では、いったい外苑とは何なのか？

この点について卓抜な回答をしたのが、折口信夫《おりくちしのぶ》である。昭和二十六年（一九五一）、折口は明治神宮において「新神道の顕現《けんげん》」という講演を行った。折口による明治神宮論である（『折口信夫全集』三六、中央公論新社、二〇〇一年）。

折口は、昔は宮廷や大きい貴族の家には馬場があったという。そして明治神宮にも馬場を見出す。もちろん外苑に。そして言う、「外苑を計画するにあたつて、技術頭が馬場の幻影を持つたことを思はずには居られない」。絵画館は絵馬堂の印象が拡大されたものであり、相撲だってかつては神社で行われていた。「つまり神社は昔から芸能の競技場の形をもつてゐる」、と。折口は、かつて神社と不可分であった芸能の場を外苑に見た。いかにも折口らしい直観的な洞察であろう。しかし明治神宮における競技場や絵画館といった「新例」を、過去の「先例」を探し当て、それを投影することで理解し説明するという論理構成そのものは、すでに明治神宮創建の調査などで幾度となく見たものと変わるところがない。ただそれらと比べ、大仕掛けである点が異なるだけである。よって折口が問うているのも、厳密に言えば、外苑とはなにか、ではない。折口が試みているのは、明治神宮のあること、そしてそれに外苑があることの正しさの証明である。現に昭和二十六年三月、接収解除後の外苑の帰属をめぐって議論が紛糾するなか、明治神宮側が提出した調書「外苑の性格について」は、折口の助言を得て作成されている（『明治神宮外苑七十年誌』）。その調書は、先の講演のような論を展開し、外苑は単なる公園ではなく、れっきとした宗教施設であり、明治神宮の欠くことのできない一部であると述べている。

ただどのような文脈で生まれたものであれ、折口の外苑論が一頭地を抜いていることも間違いない。だがそれでもあえて言うとすれば、こうなるだろう。折口は、ひょっとすると肝心なものを見ていなかったのではあるまいか、と。

折口は明治神宮についてこう語っている。「神道の将来の姿をいち早く表はしたものが明治神宮の中に存在する」。これが「新神道の顕現」という題名と響きあうものであることは言うまでもなかろう。折口は明治神宮に未来を見た。また一方でそこに馬場や絵馬堂という過去を見た。だがそもそもそこに現在を見ていたのか？　貴族がいる過去でもなく、もちろん将来でもない時代に生まれた神社の現在をしっかり見ていたのか？

まずはもう一度、外苑を見てみることからはじめよう。これはいったい何なのだろうか？

だれもが容易に連想するのが公園だろう。実際に公園といって差し支えないという専門家も少なくない（田中正大『日本の公園』鹿島研究所出版会、一九七四年など）。機能や効果といった面でいえば確かにそうだろう。またこの土地が、博覧会会場を経て、公園となる予定であった土地であったことも、思い起こしておこう。しかし創立から現在に至るまで、外苑は神社の一部であり、行政上は公園ではない。神社の一角にある「公園のようなもの」とでもいうほかあるまい。だがこの曖昧さは、実に興味深いものを含んでいる。

公園がはじめて設けられたのは明治六年（一八七三）のこと。それらは、浅草《あさくさ》公園なら浅草寺《せんそうじ》、上野公園なら寛永寺《かんえいじ》、深川《ふかがわ》公園なら富岡《とみおか》八幡宮というように、社寺の境内をそのまま公園としたものであった。公園はその発生からして、神社・寺院と結びついていた。

しかしこれ以降、日本に公園を定着させようと努力した人たちは、そうした境内地の公園へ批判的になっていく。公園は、神社などとはまったく別個のものであり、神社のなかにつくられたりしてはならぬ、そんなものは「本当の公園」ではない、と。そしてついに「本当の公園」を形にしたものができた。明治三十六年（一九〇三）に開園した日比谷《ひびや》公園である。練兵場の跡地につくられた、意図的に西洋型を目指した公園だった（白幡洋三郎『近代都市公園史の研究』思文閣出版、一九九五年）。なお、日比谷から練兵場が移転した先が青山であり、次いで代々木へと移る。青山練兵場跡地は明治神宮の外苑となり、また代々木練兵場の跡地は、敗戦後、ワシントンハイツや東京オリンピックの選手村を経て、代々木公園へと生まれ変わる。

明治時代の公園をめぐるこうした流れを念頭に置くと、明治神宮外苑のこれまた違った面白さに気がつく。

練兵場の跡地にできた外苑は、日比谷公園などと同様に西洋の整形式造園方式を基調としてつくられた「本当の公園」である。しかし「本当の公園」をつくりながらもそれは公園ではない。それは神社の一部であり、それにより「公園のようなもの」としか言いようのないものとなる。明治前期のごとく、神社のなかに「公園のようなもの」ができるのではない。「本当の公園」が神社となることで「公園のようなもの」になる。

そして外苑が「公園のようなもの」ではありながら「本当の公園」ではないことで、次のような主張が可能となる。外苑は「他の遊覧のみを主とする場所、例へば上野・浅草両公園の如きとは其《その》性質を異にする」ため、「広場を博覧会等一時的使用に供するが如き」ことのないように注意せよ、と。これは大正十五年に外苑を明治神宮へと引き渡した際、明治神宮奉賛会の要望を記した文書「外苑将来の希望」の一節である（『明治神宮外苑誌』など）。その出自において浅からぬ因縁を持っていた博覧会と明治神宮は、こうして切断される。あるいは博覧会にまつわる記憶の封印と評することもできるかもしれない。だがいずれにしろ、それは外苑が「公園のようなもの」であったがためだった。

だが公園と神社がこうした関係になり得たのはどうしてなのか。この点を考察しようとするなら、明治神宮以前にあったある計画を逸することはできない。その計画とは、のちに内苑となる代々木御料地に、近くの新宿御料地、つまり現在の新宿御苑《ぎょえん》を合わせ、一大御苑をつくろうというものである。しかもそれは部外者の単なる思いつきではない。宮内省内苑頭《ないえんのかみ》・福羽逸人《ふくばはやと》の構想であった。宮内官として、そして庭園の専門家として、御料地の有効利用を考えてのものだった（鈴木博之『東京の［地霊］』文芸春秋、一九九〇年）。

もし仮にこれが早期に実現した場合、明治神宮がどうなったかを想像するのもなかなか楽しい作業であるだろう。ただしその前にひとつ確実なことがある。福羽の計画が成ったとしても、御料地と御料地が連結するだけでその土地の性格にかかわりはなく、よって当然のことながら、代々木の地にだれもが自由に入るようなことへはならないということである。逆に言うと、御料地は、明治神宮となることではじめて、あたかも公園であるかのように、だれもが入ることのできる土地へと転換したことになる。明治天皇を祀る神社をつくるという作業は、皇室財産の一部開放という具体的な裏づけをともないながら、天皇と国民との距離を近づけていった。開かれた空間であるという点で、神社と公園とには、偶然以上のつながりがある。また「明治神宮を富士山へ！」という運動も、富士山を公園としようという動きと関係があった（丸山茂『近代日本公園史の研究』思文閣出版、一九九四年）。

このように公園を補助線にして明治神宮の外苑を眺めると、あたかも公園をつくるために神社が計画されたかのような観を呈するかもしれない。明治神宮に賛同した多くの人びとのなかに、そうした人がいたことも間違いないだろう。ただそういった「魂胆《こんたん》」をあげつらうことに、おそらくあまり意味はない。そもそも多様な人びとが、多様な希望を抱き、多様な方法で運動した結果として、明治神宮はあるのであり、多様な「魂胆」が背後にあるのは自明なことであるのだから。むしろこの神社と公園の錯綜した関係のうち、次のことにこそ注目すべきではあるまいか。大正時代には、明治天皇の公園をつくるより神社をつくる方が広くかつ容易に受け容れられたということである。公園より神社。「公園のようなもの」になった理由のひとつは、ここにあるだろう。

あそこにという表現には、明治神宮の出現経緯からすると、二つの次元がある。ひとつは代々木と青山に。そしてもうひとつは——こちらがより重要であったが——東京に。

なぜあそこにあるのか

天皇陵にしろ神宮にしろ、もともと「東京へ！」という運動としてはじまっていたこと、その東京は、祭神となる明治天皇とのあいだに遷都と居住という最強の「由緒」を有し、それによって東京以外の運動を圧倒したことなどを見た。そして東京という制限のなかで「風致」のもっともすぐれた候補地が代々木であったこと、「代々木＋青山」という組み合わせはもともと博覧会の会場として構想されたものであったことなどを述べておいた。

明治天皇を祀る神社をつくるという「新例」は、「先例」となることはなかった。すなわち憲法改正以降に亡くなった昭和天皇はおくとしても、大正天皇について、大正神宮のようなものが創建されることはなかった。天皇の神格化は昭和に入って強まるといった通俗的な見方からすると、やや理解しにくいことかもしれない。またそれを説明しようと、次のような明治天皇と大正天皇との比較が少々遠慮がちになされることもある。「明治天皇については明治神宮というものができておりますけれども、大正神宮というものを造営せんとするまあ計画があったかどうか知りませんけれども、そういうふうなことは表面化して来なかったというところに、やはり国民は天皇を区別して見ている」（尾高朝雄東大教授〈法哲学〉の発言。昭和二十六年参議院文部委員会）。だが明治神宮の出現経緯からすると、こうしたものとは別の説明が可能となる。

「明治神宮を東京へ！」という運動は、京都の陵と交換ないし棲み分けする形で考え出されたものだった。神宮建設への第一歩を踏み出すにあたって決定的であったのは、ほかでもない、天皇陵が京都の伏見桃山に置かれると発表されたことであった。遷都と居住と死という濃密な関係を明治天皇ともちながら、東京には陵が置かれなかったということこそ、「明治神宮を東京へ！」という主張への最大の追い風であった。よって「天皇陵を東京へ！」という目標がもしかなえられていたなら、おそらく明治神宮建設運動があそこまで大規模になることはなく、実現に漕ぎ着けることもできたかどうか。

明治天皇が京都で生まれ、東京で亡くなり、京都に葬られたのに対し、続く大正天皇は、東京で生まれ、東京で亡くなり、そして東京の多摩陵に葬られた。すなわち大正天皇は、史上最初の東京人天皇であった。そのため東京以外の土地との関係は薄く、そのうえ東京に陵が造営された。さらに東京ないしその隣県に陵のつくられることは、死の直前に公布された皇室陵墓令に明文で記されていた（第二一条）。すると君主としての事績などとは無関係に、そもそも大正神宮建設の余地はほとんどなかったと言うべきだろう。むしろ明治神宮の出現こそ、絶妙の条件が揃って起きたただ一回の事件であったのだ。

そしてこのように見てくると、明治神宮の出現は、なによりも東京という土地にとって画期的な事件であったことが分かる。『国民新聞』の徳富蘇峰《とくとみそほう》は、次のように語っている。

東京市の如きも、従来只《た》だ覇府《はふ》の旧址《きゅうし》として、存在したるものが、此《ここ》に於《おい》て始めて我が皇室と、離れ難き関係を生じ、云《い》はゞ始めて東京市の魂魄《こんぱく》を、明治神宮に依《よ》りて注入せられたるの感なしとせず。吾人《ごじん》は我が東京市が、長く久しく皇室中心主義の都府たる可《べ》き前徴として、特に東京市民の為めに、之《これ》を祝福するもの也《なり》。（国民新聞社編『明治天皇聖徳奉頌講演集』民友社、大正十年）

蘇峰の言うように、明治神宮の出現こそ、実は東京遷都の完成であったのかもしれない。代々木御料地と青山練兵場が明治神宮へと生まれ変わった一方で、これらに敗れた候補地も数多くあった。候補地たちのその後へと簡単に触れつつ、本書を閉じることにしよう。

候補地たちのその後

短かった候補地の時代が終わっても、その土地はなくならない。元候補地はそれぞれに、その後の時代を生き抜いていく。判断しかねる例も残るが、その後もほぼ手付かずのままというものを除くと、公園となって現在に至っている例が多い。井《い》の頭《かしら》御料地のように明治神宮より早く大正六年には公園として開園したようなものから、第二次大戦後の昭和二十一年（一九四六）になって公園化された箱根離宮のようなものもある。このほか戸山・国府台《こうのだい》なども公園となった。神社の敷地として適しているとされた土地は、公園の土地としても適していたということだろうか。

ただこうした土地ばかりではない。飯能の朝日山は、伊東忠太らから候補地として高い評価を得ていた。またいわゆる明治百年のときに記された書物には、「いまの六〇代の飯能の人達は、夢物語として明治百年の語り草にしている」と、明治神宮誘致のことが振返られ、微《かす》かながら運動の記憶は保たれていた（小松崎甲子雄『飯能の明治百年』文化新聞社印刷部、一九六八年）。

だが、昭和から平成へと移り変わり、住宅・都市整備公団による宅地造成が行われた際、朝日山は崩され、原型を失った。かつて明治神宮の候補地となった朝日山は地図からも消え、新たに美杉台《みすぎだい》という地名が出現した。朝日山はもうない。ただしこのニュータウンのなかにも美杉台公園という名の公園があり、さすがに明治神宮は無理だが、飯能市街を一望に臨むことができる。

あとがき

少しだけ硬《かた》い話にお付き合いください。

ある時代の特徴を抽出することこそ歴史学の目的である――そう大上段に構えれば、近代なるものについて語ろうとするとき、議会や鉄道、映画といった「いかにも近代的なもの」がまず素材となるのは、至極当たり前のことだろう。ただほかの時代と違い、近代については、前後の時代（近世とポスト近代？）との対照ばかりでなく、近代以前のすべてと引き比べた形でも思考がなされる。伝統と近代という二分法である。

そのため、寺院や神社のような「いかにも伝統的なもの」へと視点を据えて近代を見ていこうと試みると、どうしても、それがいかに近代の荒波に翻弄されたか、あるいはいかに伝統から逸脱していったかといった調子になりがちである。近代と伝統とは相容れないとの前提はそのままに、近代なるものが西洋の受容を大きな要素とし、そしてその受容の主体を日本であるとすれば、近代と「いかにも日本的なもの」とも両立しがたいものとなる。これを伝統と近代についての古典的な理解と呼んでおこう。

この古典的な理解が誤っているということではない。しかしこの単純な二分法に固執していては、それこそ素材を何にとっても、同じところへと収斂していく話が繰り返されるばかりになってはしまわないだろうか。現にそうなってはいないだろうか。

その点で、君主の即位儀礼など、「いかにも伝統的なもの」とされてきたもののなかに近代になってつくられたものがあることを指摘するいわゆる「伝統の創造」論は、伝統と近代とを対立したものとする理解そのものに再考を求めるものでもあった。日本研究でもそれに追随する動きがあり、筆者もそうした研究の功績を認めるにやぶさかではない。しかしそうした研究の多くが、「いかにも伝統的・日本的なもの」が実はそうでないと主張することをもって事足れりとしている背景に、むしろ伝統と近代についての古典的な理解と同質なものを感じ取ってしまうのは、筆者の杞憂であろうか。

ではどうしたらよいのか？　正直言って明確な方法を有しているわけではないし、そうしたもののあることがよいかどうかも分からない。ただ伝統と近代についての古典的な見方では理解しがたい事例から考えていけば、否応なしになにかが出てくるかもしれないし、少なくともそのきっかけぐらいにはなるのではあるまいか。

予想以上に長くなってしまったが、ここまで記してくれれば、もうお分かりだろう。明治神宮が恰好な素材であるということを。ただし材料の良さは成果を保証するものではない。それについては、読者のみなさんの判断へと委ねるほかない。本文を書き上げてしまったいまとなっては、こう記すのがせいぜいのところだろう。もしこのあとがきから読みはじめられた方がおられれば、右のようなことを頭の片隅に置いて読んでいただけると、幸いである、と。

明治神宮に関する文章をはじめて書いたのは、『日本歴史』五四六号に掲載された「明治神宮の成立をめぐって」であった。のちに『明治国家と宗教』（東京大学出版会、一九九九年）へとまとまる研究に着手して間もない時期である。当時手がけていた明治期の政策を軸とした研究課題への視野を拡げたいと思い、大正期について、個別の神社を対象とした考察を試みたものだった。同じするなら好きな場所の方がよかろうと考え、明治神宮を選んだ。『日本歴史』論文の末尾には一九九二年十二月脱稿という注記がある。

干支が一巡するあいだ、あたかも上質なブルゴーニュ・ワインを扱うように、研究を寝かせ、飲み頃となるのを待ち、このたびついに開栓を決断した——本当はそう言いたいところであるが、実際はほかのテーマに時間を割かれ、それで肝臓を壊し、飲む機会を失したまま、年月だけが過ぎていったというあたりが、正直なところである。

ただそうこうしているあいだに史料状況などをめぐって変化の兆しが現れた。国立国会図書館憲政資料室が所蔵する阪谷芳郎の日記は部分的に活字となり（『阪谷芳郎東京市長日記』芙蓉書房、二〇〇〇年）、東京都公文書館などの史料も若干ながら復刻された（『史料集・公と私の構造』五、ゆまに書房、二〇〇三年）。とりわけ鎮座八十年を記念して二〇〇〇年に刊行がはじまった『明治神宮叢書』（国書刊行会、全二十巻予定）は、明治神宮に関するもっとも基礎的な史料群となっていくに相違ない。また『明治聖徳記念学会紀要』などにも、明治神宮についての研究論文が載るようになってきた。

こうした新たな史料や研究に接するたびに自らの見解に微調整を加えていては、いつまでたってもワインは味わえないのではないか――そうした不安が首をもたげ、覚悟を決め、思い切ってまとめることにした。いわゆる正史をのぞけば、明治神宮の出現に関するまとまった著作のない状態は、いまのところ変わりなく、この時点でひとつの試論を提示することに、その味はともかくとして、なんらかの意味は見いだせると考えたためである。

謝辞を述べるべき方々の数は年ごとに増え、書き尽くすことは到底できない。ただ、私の講義を聴いた高知大学と九州大学の学生諸君にだけは、この場を借りて一言述べておきたい。諸君の多くにとって、一度も行ったことのない神社の話が延々と続く講義であったにもかかわらず、嫌な顔をあまりせず、付き合ってくれたことに深く感謝しています。

二〇〇四年十月

明治神宮から一〇〇〇キロ近く西に離れた町にて

山口輝臣

著者紹介

一九七〇年、横浜に生まれる
一九九八年、東京大学大学院人文社会系研究科博士課程修了　博士（文学）
高知大学人文学部を経て
現在、九州大学大学院人文科学研究院助教授
著　書
明治国家と宗教　十九世紀日本の歴史（共著）

歴史文化ライブラリー
185

明治神宮の出現

二〇〇五年（平成十七）二月一日　第一刷発行

著　者　山《やま》口《ぐち》輝《てる》臣《おみ》
発行者　林　英男
発行所　株式会社　吉川弘文館
東京都文京区本郷七丁目二番八号
郵便番号一一三―〇〇三三
電話〇三―三八一三―九一五一〈代表〉
振替口座〇〇一〇〇―五―二四四
http://www.yoshikawa-k.co.jp/
印刷＝株式会社 平文社
製本＝ナショナル製本協同組合
装幀＝山崎　登

歴史文化ライブラリー

1996.10

刊行のことば

現今の日本および国際社会は、さまざまな面で大変動の時代を迎えておりますが、近づきつつある二十一世紀は人類史の到達点として、物質的な繁栄のみならず文化や自然・社会環境を謳歌できる平和な社会でなければなりません。しかしながら高度成長・技術革新にともなう急激な変貌は「自己本位な刹那主義」の風潮を生みだし、先人が築いてきた歴史や文化に学ぶ余裕もなく、いまだ明るい人類の将来が展望できていないようにも見えます。このような状況を踏まえ、よりよい二十一世紀社会を築くために、人類誕生から現在に至る「人類の遺産・教訓」としてのあらゆる分野の歴史と文化を「歴史文化ライブラリー」として刊行することといたしました。

小社は、安政四年（一八五七）の創業以来、一貫して歴史学を中心とした専門出版社として書籍を刊行しつづけてまいりました。その経験を生かし、学問成果にもとづいた本叢書を刊行し社会的要請に応えて行きたいと考えております。

現代は、マスメディアが発達した高度情報化社会といわれますが、私どもはあくまでも活字を主体とした出版こそ、ものの本質を考える基礎と信じ、本叢書をとおして社会に訴えてまいりたいと思います。これから生まれでる一冊一冊が、それぞれの読者を知的冒険の旅へと誘い、希望に満ちた人類の未来を構築する糧となれば幸いです。

吉川弘文館

〈オンデマンド版〉
明治神宮の出現

歴史文化ライブラリー
185

2021年（令和3）10月1日　発行

著　者　山《やま》口《ぐち》輝《てる》臣《おみ》
発行者　吉川道郎
発行所　株式会社　吉川弘文館
〒113-0033　東京都文京区本郷7丁目2番8号
TEL　03-3813-9151〈代表〉
URL　http://www.yoshikawa-k.co.jp/

印刷・製本　大日本印刷株式会社
装　幀　清水良洋・宮崎萌美

山口輝臣（1970～）

ISBN978-4-642-75585-6